André POUPET

L'Abbaye du Bec au temps des chevaux

1790-1948

Les Ateliers du Bec
1998

L'auteur, André Poupet, né en 1950, vieil ami de l'abbaye, est professeur d'histoire au lycée Saint-Jean de Passy à Paris.

AVANT PROPOS

Cet ouvrage se présentait, dans sa genèse, essentiellement comme une courte synthèse, brièvement commentée, de sources imprimées et d'archives (1). Le bulletin de l'Association "Les Amis du Bec-Hellouin" en a publié une deuxième version déjà nettement plus fournie, sous la forme de quatre articles, dans ses numéros 119 à 122 parus entre septembre 1997 et juin 1998.

Il s'agissait alors de permettre à tous ceux éprouvant intérêt et amitié pour l'abbaye et la communauté du Bec, sans avoir forcément le temps ou l'occasion de courir les bibliothèques, de découvrir ce qui est certainement la période la moins connue de la longue histoire du monastère: le "temps des militaires" que le Lieutenant-colonel de cavalerie Jacques Gendry qualifie d'« *entracte hippique* » dans l'une des rares contributions directement consacrées à l'étude de ce thème que j'ai pu utiliser. (2)

L'idée de ce travail m'était venue par divers canaux. D'abord, pour avoir, pendant plusieurs années, guidé les visites de l'été, j'étais bien conscient que la présence et l'action au Bec des militaires pendant environ 150 ans ne pouvaient être évoquées qu'en quelques mots: ni, certainement, les thèmes à aborder dans une simple visite, ni, sans doute, l'intérêt manifesté par bon nombre de touristes de passage ne permettaient davantage. (3)

Par ailleurs, il y a peu d'années, un Bexien (4), animateur de l'Association "Val-Bec", me demanda de préparer une causerie adaptée aux activités et goûts d'un groupe de cavaliers qui souhaitait tenir session au Bec-Hellouin. Le projet n'aboutit finalement pas mais en commençant à réfléchir et à chercher des informations un peu plus sérieuses et précises que mes références habituelles, je réalisai la difficulté de l'entreprise.

De fait, et enfin, je lus un jour avec intérêt un passage du compte-rendu des travaux de l'assemblée générale de notre Association en 1995:

«*Le président* [Monsieur François d'Harcourt] *reprend la parole pour évoquer le projet dû à l'ancien Secrétaire général, M. André Perreaux, d'un troisième tome de l'histoire de l'abbaye, consacré à la période 1792-1948 et faisant suite aux deux tomes du Chanoine Porée. Il s'avère difficile de trouver des sources suffisantes sur cette période.*» (5)

J'ai alors pensé qu'il pouvait être utile de mettre au clair le fruit de mes rapides et, à l'époque, encore incomplètes recherches, dans l'attente de l'éventualité qu'un auteur de plus grande compétence nous fît quelque jour l'heureuse surprise d'être en mesure de publier l'ouvrage espéré...

Toutefois, au fil des mois, les sources disponibles et accessibles se révèlèrent, comme souvent dans ce type d'étude, bien plus nombreuses et riches qu'on ne pouvait, au départ, l'espérer. Je pus ainsi développer et préciser mon projet au fur et à mesure qu'il prenait forme. De la sorte, et cela n'a vraiment rien d'exceptionnel, le résultat final n'a que fort peu de ressemblance avec l'essai originel.

Je suis donc heureux de pouvoir aujourd'hui présenter un texte a priori définitif, corrigé et complété à la lumière de mes toutes dernières trouvailles et en tenant compte de précieuses observations émanant de mes premiers lecteurs.

La méthode d'écriture que j'avais résolu de privilégier et que j'ai conservée ici est celle de la citation systématique des auteurs à la science et au talent desquels je me suis référéou des acteurs que j'ai rencontrés dans les fonds d'archives ou interrogé de vive voix. Cela m'a, par ailleurs, paru favoriser une meilleure approche par le lecteur des personnages et des événements évoqués.

Dans l'utilisation des sources imprimées, je me suis fait discret... En revanche, la présentation des sources manuscrites ou dactylographiées m'a offert l'opportunité d'un certain nombre de commentaires explicatifs personnels.

Il m'a paru utile, enfin, pour éclairer ce qui, aux yeux des spécialistes, restera une étude d'histoire locale, d'évoquer, en quelques mots, comme en toile de fond, la "Grande Histoire", chaque fois que celle-ci propageait ses ondes jusqu'au creux du vallon du Bec.

Je souhaite vivement que cette contribution à une meilleure connaissance de l'histoire de notre chère abbaye suscite l'intérêt de tous nos amis quant au fond, en même temps que leur indulgence quant au caractère parfois un peu austère de la forme.

Remerciements

J'exprime, à des titres divers, ma vive gratitude:

- aux frères de la Communauté bénédictine du Bec qui ont encouragé, facilité et guidé mes recherches et très spécialement au frère Antoine Desfarges, qui a assuré la composition et la mise en page de ce livre ainsi que le traitement informatique des illustrations.

- à Monsieur Jean-Claude Léguillon qui m'a fort utilement aidé dans le dépouillement d'archives et le travail photographique et épigraphique

- à Messieurs Marc Vannesson et Philippe Clénet, qui ont assuré la délicate opération de mise en forme de mon premier manuscrit. .

- à Monsieur Cavelier, maire du Bec-Hellouin, qui a très aimablement mis à mon entière disposition les précieuses archives de la commune, ainsi qu'à Madame Lambea, secrétaire de Mairie, pour son accueil et son efficacité.

- aux personnes habitant ou ayant habité le village du Bec-Hellouin qui ont bien voulu me faire partager les souvenirs qui constituent la mémoire collective de la commune, notamment Mademoiselle Odette Legendre, Madame Marcel Legendre, Madame Marthe Youf, Monsieur Serge Duret, Monsieur Charles Courcier, Monsieur Daoud Zerkaoui qui m'ont confié nombre d'anecdotes "de ce temps-là".

- à Monsieur et Madame Marcel Join-Lambert qui ont autorisé la reproduction du tableau peint par Monsieur Georges Morane, père de Madame Join-Lambert (p. 97).

- à toutes les personnes auxquelles je me suis adressé à un moment ou à un autre au cours de mes recherches dans les dépôts d'archives, les bibliothèques, les musées...

Pour ce qui est des documents iconographiques, les photographies anciennes sont tirées du fond des archives du Service des Monuments Historiques qui en a gracieusement autorisé l'utilisation.

Les cartes postales anciennes et les photographies contemporaines proviennent pour la plupart de ma collection personnelle à l'exception des photographies de famille représentant quelques uns des acteurs de la vie du Bec dans les années 30 qui m'ont été remises par leurs enfants et des documents fournis par la communauté de l'abbaye.

La ruine de l'Abbaye du Bec (1790-1833)

La Révolution et l'éphémère premier "Dépôt des Remontes générales de l'Armée" (1790-1802)

L'expulsion des bénédictins

« *Dans la verte vallée de la Risle, à vingt lieues de la source de la rivière et à une même distance de son embouchure dans l'estuaire de la Seine* » (2), c'est une institution normande séculaire et prestigieuse qui va être emportée par la Révolution: «*la très illustre maison bénédictine du Bec-Hellouin, érigée aux frontières du pays d'Ouche*» (12), sur le ruisseau qui lui avait donné son nom.

On peut lire dans l'Histoire de l'Abbaye du Bec qu' « *en 1224, le roi de France reconnaît et certifie par lettres patentes que l'Abbaye du Bec a fourni spontanément, et non par obligation, des chevaux pour la guerre qui se faisait contre Raymond, comte de Toulouse, et les Albigeois.*» (6)

« Ce geste apparaît dans l'histoire de la célèbre abbaye normande comme le signe de sa destinée. Six siècles plus tard, en effet, en pleine tourmente révolutionnaire... l'Abbaye devenait dépôt de chevaux de l'Armée.»(7)

«Interrompant la prière contemplative, l'étude théologique et le travail manuel silencieux des moines,la Révolution va tout saccager.» (2)

Et c'en sera terminé du "Ora et labora" des bénédictins...

«On avait spolié les ordres religieux [en novembre 1789]: *restait à les faire disparaître. Le 13 février 1790, l'Assemblée nationale décréta que... les ordres monastiques... étaient... supprimés en France... Tous les religieux étaient autorisés à sortir de leurs maisons... La plupart des moines, déjà séduits par l'esprit philosophique et les attraits du monde, se hâtèrent de rompre leurs liens religieux;... Un certain nombre, cependant, demeurèrent fidèles à leur vocation...; et un jour vint où, pour leur faire abandonner leur cloître, il ne suffit pas d'en ouvrir les portes: il fallut les expulser.*

Si la communauté du Bec ne se fit pas précisément admirer par l'héroïsme avec lequel elle résista à cette odieuse législation, elle ne se pressa pas non plus de profiter du décret du 13 février 1790 qui la rendait "libre"... Sur vingt-huit religieux dont se composait la Communauté, huit déclarèrent vouloir demeurer dans l'abbaye, les dix-neuf autres (sic), *se retirer...*

Les habitants du Bec ne pouvaient se méprendre sur la tournure que prenaient les événements. La suppression des voeux monastiques, c'était la suppression de leur abbaye, c'est-à-dire la disparition d'un établissement

LE BEC-HELLOUIN (Eure). — Vue générale prise de la Tour.

considérable (8) *qui allait amener... de très graves changements dans la condition... des pauvres gens qui "vivaient de l'abbaye".» (6)*

Le "Corps municipal", exprima clairement ces inquiétudes:

«... cette nouvelle a causé l'alarme et le trouble dans tous les esprits,... les pauvres et particulièrement ceux des habitants qui ne subsistent que par les bienfaits de la Communauté et qui ne vivent que du travail de leurs bras se désolent parce qu'ils envisagent que la suppression de la dite maison causera leur ruine totale et celle du surplus de leurs concitoyens qui sont sans fortune.» (1-a)

«...les Becciens qui tenaient à leur abbaye firent tout leur possible pour conserver les religieux qu'ils aimaient et respectaient avec raison...; des demandes furent formées par eux pour l'établissement d'un collège national à l'abbaye du Bec, d'un hôpital à la maison abbatiale et d'une grande route.» (9)

«... le voeu desdits habitants... est qu'il soit présenté une requête à MM. les administrateurs du Département de l'Eure pour demander la conservation de cette maison et qu'elle soit destinée à servir de retraite aux religieux qui jugeront à propos de finir leurs jours dans le cloître.» (1-a)

«... avantque d'expulser les religieux... on commença par établir dans l'enclos un dépôt de chevaux..» (9)

«Ce fut donc le lundi 1er octobre 1792 que les derniers religieux du Bec quittèrent le monastère où plusieurs d'entre eux avaient vieilli... A compter du jour où, sur tout le sol de la France, les religieux furent expropriés et expulsés de leurs demeures, la dévastation et la ruine s'abattirent sur ce qui avait été le domaine monastique.»(6)

Le dimanche 14 octobre, à la demande du citoyen Marette, curé constitutionnel du Bec, la municipalité fit procéder au transfert dans l'église paroissiale du sarcophage de pierre renfermant les restes du bienheureux Herluin.

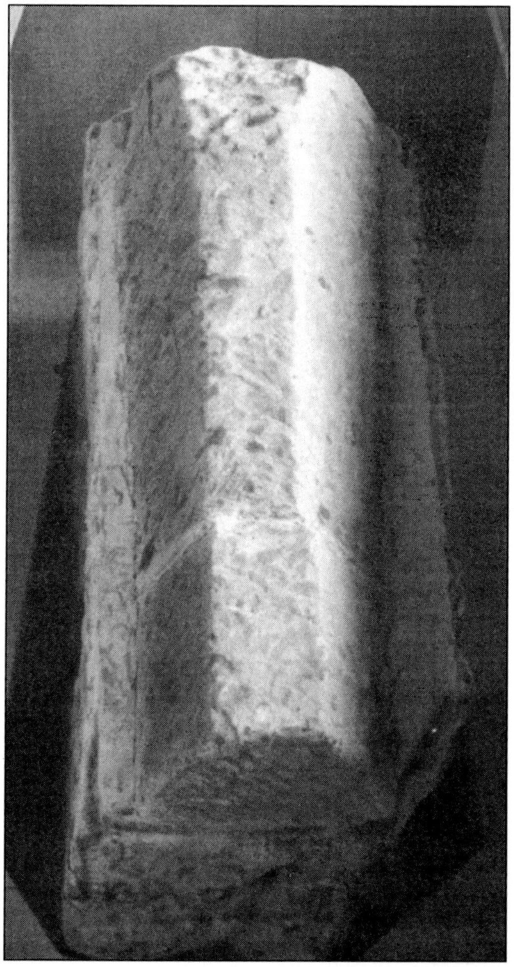

Sarcophage d'Herluin

Ainsi, le fondateur et premier abbé, parti pour un exil de 167 ans, n'assisterait pas au désastre à venir... Cette décision, en préservant l'insigne relique d'une destruction possible si ce n'est probable, allait permettre qu'en 1959 son retour en des murs restaurés depuis déjà une décennie matérialiserait qu'une incompréhensible parenthèse venait enfin de se refermer.

L'arrivée dans l'abbaye

«L'Etat n'aliéna pas tous les biens dits nationaux; il se réserva un certain nombre des anciens établissements monastiques; le Bec fut de ce nombre. Un dépôt de remonte de chevaux (10) *y fut établi qui subsista jusqu'en 1802.»* (6)

L'institution de dépôts de remonte militaire, ainsi installés dans diverses abbayes, alors que l'on avait supprimé les haras, symbole de l'Ancien Régime, dès 1790, était rendue nécessaire par la récente déclaration de guerre à l'Empereur, laquelle entraina de pressants besoins en cavalerie.

Dans le même temps, d'autres abbayes (le Mont Saint-Michel, Clairvaux) se trouvaient converties en prison. D'autres encore devenaient des fabriques ou des magasins ou, plus simplement, des carrières de pierre (Jumièges, Saint-Wandrille).

Le citoyen Jean Avenel sollicitait en vain, dès le 10 octobre 1792, *«le loyer en paiement d'une écurie de son auberge où il a été logé onze chevaux durant 17 jours, du dépôt de la Remonte Générale du Bec»* (1-a). Plus de six mois après, il réclamait toujours...

Le 20 novembre, un détachement de 34 cavaliers se présenta *«pour recevoir à l'abbaye, lieu du dépôt, cent chevaux, suivant l'ordre signé par le ministre de la guerre.»* Le *«Citoyen Lanoüe, Capitaine du susdit détachement»*, sollicitait *« étape et logement provisoire»* pour une durée de vingt-quatre heures.

La municipalité accepta de fournir aux soldats le *«logement chez les habitants qui se sont trouvés extrêmement gênés et qui ne les ont reçus que dans l'espoir de les loger pendant vingt-quatre heures.»*

Une semaine plus tard, le séjour se prolongeant (un colonel annoncé par le citoyen-capitaine ne s'est, en fait, pas présenté: on attend des instructions...), *«les habitants se sont récriés et ont demandé à être déchargés du logement.»*

Fort embarrassés, les édiles décidèrent alors *«de donner le choix à nos concitoyens ou de loger ou de fournir des effets pour loger les cavaliers à l'abbaye...»* (1-a)

«Hennissements des chevaux, violence des ruades, tonnerre des coups de pied dans les bat-flancs, bruyantes allées et venues, piétinement des sabots sur les pavés, manipulation de fourrages, transports de fumiers, martèlement de la forge, voici ce que nous allons désormais constater pendant [cette interruption cavalière d'] un siècle et demi... Pour la fourniture de la cavalerie nécessaire aux armées... un règlement du 22 octobre 1792 fut l'origine de « dépôts pour le service des charrois des armées» et par extension celle de rassemblement pour les chevaux de selle... Treize dépôts de remonte improvisés furent installés en 1793, dont un au Bec. Bientôt des chevaux s'entassèrent dans l'église et le réfectoire.»(2)

LE BEC-HELLOUIN (Eure) — L'Abbaye - Ancien Refectoire des Moines

Les premières dégradations

«Les remontes étaient administrées par deux Inspecteurs généraux, assistés d'inspecteurs, de commandants, de contrôleurs, et d'artistes-vetérinaires de dépôts. Le personnel subalterne comprenait des surveillants, des maréchaux des logis, fourriers ferrants, des aides contrôleurs, des aides vétérinaires, et des palefreniers (1 pour 6 chevaux).»(11)

«...Ces établissements...souffraient, on n'en peut douter, de beaucoup d'imperfections.

[En octobre 1793, les dépôts de Compiègne et Lunéville se plaindront], *car un envoi de 299 chevaux venant du Bec comprend une proportion trop élevée de juments. Tout le lot est mauvais: plusieurs chevaux sont mal remis de l'opération de la castration: les conditions de taille et de marquage ne sont pas respectées... quant à la mauvaise condition des animaux... l'inspecteur en rejette la responsabilité sur les conducteurs qui n'ont pas nourri et soigné les chevaux pendant les étapes... On devine que dans une telle situation d'improvisation et de désordre, les bâtiments de l'abbaye du Bec subirent d'importants dommages.*» (2)

Dès le mois de décembre 1792, à trois reprises dans la même semaine, la municipalité dut se soucier de ce qui se passait dans *"la cy-devant abbaye"*:

«*Dans le courant de la nuit dernière, il avait été brisé une partie de la rampe de fer de l'escalier qui conduit de l'orangerie à l'infirmerie... sur la longueur d'environ six pieds.*» (1-a)

Pour cette affaire une rapide enquête n'aboutit point. En revanche, on présuma un coupable pour un autre méfait: des infiltrations dans la bibliothèque et le cloître, consécutives à de fortes pluies nocturnes, révélèrent que les garnitures en plomb des toitures se trouvaient mutilées depuis déjà quelques temps.

Or, «*le fils de la veuve Etienne Lambert, âgé d'environ douze à treize ans*» avait été interpellé à deux reprises, environ un mois plus tôt, sur un toit, et, tandis qu'il s'enfuyait, on découvrait, là où il s'était tenu, «*un morceau de plomb du poids d'environ vingt à vingt-cinq livres nouvellement rompu et coupé, et un autre soulevé de sa place qu'on avait essayé de rompre...*» (1-a)

Ce n'était qu'un début!

Par prudence, la municipalité arrêta qu'il serait «*posé une garde de cinq hommes dans la maison cy-devant conventuelle de ce lieu pour veiller à la conservation des livres composant la bibliothèque et ce jusqu'au moment de l'enlèvement d'iceux.*» (1-a)

Cet enlèvement, préconisé dès 1791, après inventaire, et encore en 1792, n'eut finalement pas lieu... En fait, un seul gardien sera posté que l'on relèvera de son service le 29 septembre 1793, quelques travaux d'aménagement ayant paru suffire à la sécurité... Conséquemment, les cinq mille volumes imprimés furent soumis à un pillage progressif.

Incontestablement, les conséquences des décrets de l'Assemblée Nationale se révélèrent autrement plus dommageables que les larcins individuels... Entre 1791 et 1794 disparurent également et successivement les dix cloches, les objets en cuivre, l'argenterie liturgique, le mobilier, les bulles, chartes originales et manuscrits contenus dans le chartrier de l'abbaye, les boiseries de l'église abbatiale,...

Le «*brûlement des titres de propriété et autres titres de féodalité*» renfermés dans le chartrier donna lieu, le 9 janvier 1794, à une de ces réjouissances populaires dont ces temps-là multiplièrent les manifestations:

«*Ce jourd'huy, vingt nivôse de l'an deux de la République, nous nous sommes transportés à la ci-devant maison abbatiale où sont renfermés les titres... concernant les dixmes et autres droits supprimés; et après avoir renfermé le tout dans des sacs de toille que nous avions fait porter à cet effet, les avons fait charger sur une voiture attelée de deux chevaux et transporter sur la place du Marché où est planté l'arbre de la liberté, et là, en présence des membres du conseil général et du comité de surveillance de la commune à ce appelés, et d'un nombre considérable de citoyens et de citoyennes..., nous avons livré aux flammes les titres... les uns après les autres... Pendant le brûlement de tous lesquels titres, les citoyens réunis ont temoigné beaucoup de satisfaction et ont crié à différentes reprises: Vive la République, vive la Convention nationale, vive la Montagne...»* (1-a)

«Dans une lettre du préfet de l'Eure au Ministre de l'Intérieur datant de 1800 et citée par G. Nortier ["Les Bibliothèques médiévales des abbayes bénédictines de Normandie", Paris, 1971], *voici ce qui est dit du Bec:*

«Le dépôt du Bec est celui qui a le plus souffert, et les autorités civiles se sont trouvées impuissantes toutes les fois qu'elles ont cherché à réprimer les désordres et prévenir les dégâts. En effet, dès l'an III, la ci-devant abbaye était devenue un dépôt militaire, et cette disposition paraissant excepter l'établissement de la surveillance des autorités civiles, les mesures prises pour sauver les débris de la bibliothèque ont été entravées. Les portes enfoncées

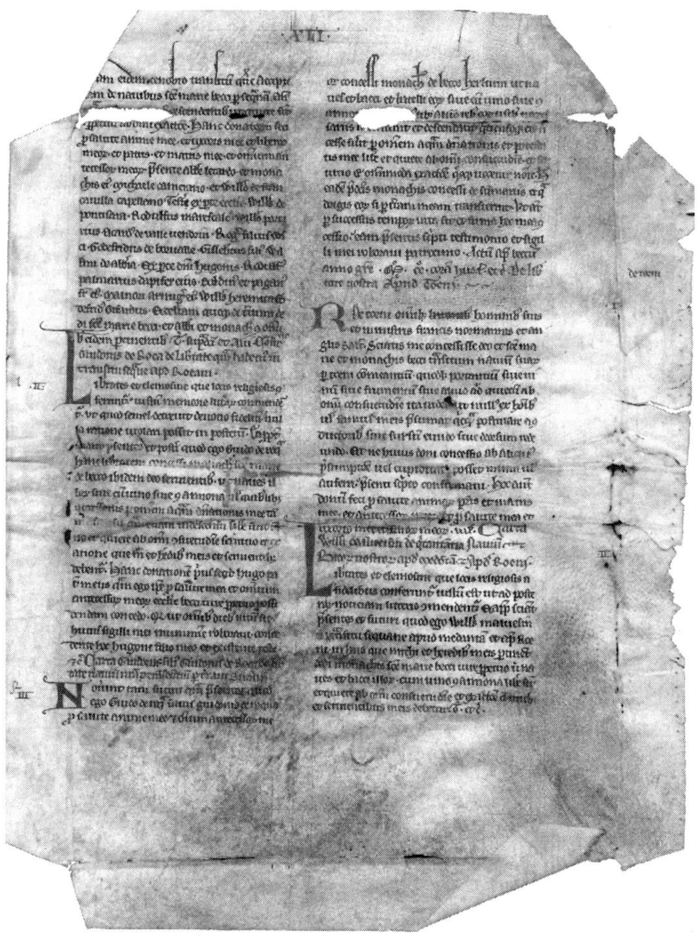

Vestige d'un ancien cartulaire du Bec

à plusieurs reprises ont donné lieu à des brigandages que les commandants du dépôt n'ont point réprimés; les machines ont été emportées, les recueils de gravures déchirés... Quelques bons livres ont cependant été sauvés...» [Cf. Antoine Desfarges, *"L'inventaire révolutionnaire de la bibliothèque du Bec"*, in Bulletin de l'Association "Les Amis du Bec-Hellouin", n ° 87 de septembre 1989, p. 33]

La difficile adaptation aux nécessités de la Terreur

Régulièrement, cela n'a rien d'exceptionnel, la "Grande Histoire" va imprimer sa marque sur les acteurs de la "petite histoire" qui se déroule au Bec.

L'Assemblée Nationale ayant décrété, en février 1793, la "levée en masse" pour faire face à une guerre mal engagée par la Révolution, l'enthousiasme patriotique fut des plus mitigés, tant parmi les citoyens de la commune (on tente de «se défiler» à qui mieux mieux, grâce au système du remplacement!), qu'au dépôt de remonte.

Le citoyen Devina, Inspecteur du dépôt, refusa tout net que ses personnels fussent comptés parmi les éventuels *«volontaires et défenseurs de la patrie»* , attendu, déjà, que leur tâche *«était un service militaire, puisqu'ils conduisaient des convois de chevaux pour l'armée, qu'il ne pouvait aucunement les distraire de leur service sans qu'il en résultât un préjudice pour la République et entraver le Service militaire; que dans ce moment-ci, la majeure partie des citoyens garçons de cette commune employés au dépôt étaient partis pour conduire quatre-cent-cinquante chevaux qu'il a fait partir depuis huit jours de ce dépôt pour l'armée...»* (1-a)

Naturellement, les jeunes gens du village encore susceptibles d'être requis pour le remplacement des tirés au sort finalement exemptés, déclarèrent d'un seul choeur que, dans ces conditions, eux non plus ne pouvaient envisager de partir!

La situation devenait délicate... Cependant la sanction ne tarda pas: la Convention ayant décrété "la Terreur à l'ordre du jour", le "Corps municipal" vit se présenter *«...le citoyen Louis Marie Malvoisier, contrôleur du dépôt des Remontes générales établi en ce lieu, lequel a dit que pour et sur l'invitation du citoyen Devina, inspecteur dudit dépôt présentement incommodé et retenu au lit, il vient informer le Corps municipal de la suspension dudit citoyen Devina et des ordres qui lui ont été donnés... de s'abstenir de ses fonctions; et comme ledit citoyen Devina n'a aucun reproche à se faire dans son administration, que le dépôt est en bon état, il requiert et invite le Corps municipal de se transporter audit dépôt pour constater le bon état d'ycelui afin que dans le cas où, contre toute attente, il s'y commettrait quelques abus ou dilapidations, ils ne puissent lui être imputés.»* (1-a)

On fit droit à cette requête puis, sans tarder, on eut connaissance du décret par lequel, sans langue de bois aucune, le Ministre de la Guerre nommait le citoyen Leduc à la tête du dépôt:

«Sur le compte avantageux qui m'a été rendu de votre patriotisme et de vos connaissances dans la partie des chevaux, je vous ai nommé à la place...vacante par la destitution du citoyen Devina... vous jouirez des appointements de quatre-cent (sic) *livres par mois attachés à cette place.»* (1- a)

Les soucis du nouveau responsable du dépôt, en ces temps troublés furent aussi nombreux que diversifiés. Tantôt, il s'agissait des exigences exprimées en termes presque identiques par les colonels des 17ème et 19ème régiments de chasseurs à cheval, annonçant respectivement leur venue pour choisir des chevaux:

«Je vous prie de me laisser entièrement libre tant sur la taille, l'âge et le sexe des dits chevaux pourvu que le service de la République n'en souffre point...en outre je prends tout sous ma responsabilité.» (1- a)

Tantôt, un certain Jacques-Nicolas Bosney, palefrenier-convoyeur, est tombé plusieurs fois sans connaissance, jusqu'à une journée d'affilé, suite à un coup de pied de cheval reçu dans la figure...

Tantôt, l'an II étant celui de la guerre sur tous les fronts et des réquisitions de grains, notamment pour ravitailler l'armée de l'Ouest, il lui fallait composer avec les doléances de la commune: celle-ci, prétextant la présence sur son territoire des troupes et des employés du dépôt, déplorait *«la consommation considérable qui se fait et qui a presque toujours été prise sur les cultivateurs de cette commune.»* Tout en souscrivant aux exigences de Paris, *«pour donner une preuve de son entière soumission aux autorités constituées et vu l'urgent besoin d'approvisionner l'armée»*, la municipalité n'en réclama pas moins *«la dispense de notre commune de toute réquisition de grain.»* (1- a)

C'est d'ailleurs, enfin, aux édiles locaux que l'Inspecteur Leduc dut présenter une pétition, les restrictions de nourriture et de paille ayant eu des conséquences néfastes pour les chevaux: pendant quelques mois (décembre 1793- mai 1794), en effet, l'avoine fut remplacée par "l'amalgame", un mélange de paille, trèfle ou luzerne hachée de son et d'avoine. Les administrateurs du dépôt exposèrent notamment *«qu'il serait urgent de les autoriser à donner dix livres de paille* [par jour] *pour chaque cheval malade afin d'éviter les fâcheux événements que cette privation ferait nécessairement éprouver.»* (1-a)

«Considérant qu'il est de toute impossibilité que des chevaux malades qui ont besoin de se coucher puissent se passer de paille, que ce serait agir contre les intérêts de la République de ne pas prendre en considération la dite pétition» la municipalité décida de contrevenir à la loi, tout en en référant au Ministre de la Guerre.

Celui-ci fut donc certainement l'inspirateur du décret du Comité de Salut Public supprimant "l'amalgame" et prescrivant dix-huit livres de foin par jour et par cheval, un demi-boisseau d'avoine aux chevaux d'artillerie et de cavalerie, un tiers de boisseau pour les autres, sans oublier la paille, indispensable pour tous, *«surtout pour les chevaux malades.»* (1-a)

«Par un arrêté du 18 décembre 1793, le président du district de Bernay avait définitivement cédé l'église abbatiale pour servir de magasin à fourrages au dépôt de remonte. Si le monument avait fort à souffrir d'une semblable destination, surtout en des temps pareils, sa conservation, du moins, semblait assurée.»(6)

C'est alors que se déroulèrent, toutefois, des scènes emblématiques de cette période. En mars 1794, en exécution d'instructions de Paris, la municipalité ordonna au citoyen Pierre Legris, préposé depuis peu à la garde des bâtiments, *« de faire disparaître jusqu'à l'empreinte de tous les signes de royauté et de féodalité qui pouvaient sub-*

Porte de l'ancien réfectoire - Armoiries de l'abbaye martelées

sister » (9), notamment les fleurs de lys, fort nombreuses, qui rappelaient évidemment par trop des souvenirs que l'on s'acharnait à extirper de la mémoire collective. « *Legris, s'acquittant consciencieusement de la besogne qui lui était ordonnée, martela et gratta toutes les armoiries qui étaient sculptées dans les gracieux cartouches*» (9) décorant les grandes façades classiques et le cloître.

Cependant, de nouveaux besoins se faisaient sentir, qui allaient modifier le cours des choses au Bec:

«... *Alors qu'ils constataient le manque permanent de chevaux aux armées, ceux qui réfléchissaient aux besoins de la République sentaient bien la nécessité de reprendre l'organisation de la production hippique... On déplorait l'abandon de l'élevage, surtout en Normandie... L'autorité faisait rechercher des bâtiments inoccupés et menacés de ruine offrant les conditions de logement et d'entretien pour des reproducteurs... une abbaye désaffectée convenait tout spécialement. C'était le cas du Bec-Hellouin mis en évidence par la mauvaise gestion du dépôt de remonte.*» (2)

Le Bec n'était pas une exception: alors que la Terreur se durcissait chaque jour davantage, la Convention Nationale dénonça les «*dilapidations énormes commises dans les dépôts de remontes, tant par les fournisseurs de chevaux, que par les agents et préposés à leur réception*» et chargea le citoyen Loiseau d'une mission d'enquête au Bec «*pour y constater l'état de* [ce dépôt], *prendre toutes les informations nécessaires contre les agents préposés infidèles, et fournisseurs de chevaux qui ne se seront pas conformés aux conditions prescrites par les marchés soit à la livraison soit à la réception, prendre contre ceux qui auront prévariqué les mesures nécessaires...*» (1-a)

Toutefois, un bon point fut accordé au dépôt du Bec, quelques mois plus tard, le 16 thermidor an II (3 août 1794), par le citoyen Lolliot, venu l'inspecter et «*y faire choix de juments propres à être poulinières*» et déclarant «*que c'est pour la seconde fois qu'il inspecte ce dépôt qu'il a généralement trouvé dans le plus grand ordre après avoir vérifié, en outre de son inspection, la qualité de tous les fourrages...*» (1-a)

Depuis une semaine, Robespierre avait péri sur l'échafaud... La Terreur s'achevait et certaines impérieuses nécessités de la veille se trouvèrent relativisées.

«*En 1794, ce dépôt fut supprimé, mais par suite des réclamations faites par la municipalité du lieu, les représentants du peuple arrêtèrent qu'il serait maintenu. Six ans plus tard, au mois d'avril de l'an X (1802), ce dépôt n'existait plus.*» (9)

«*Au début de 1802, la municipalité du Bec adressa au ministre de l'Intérieur un mémoire demandant que l'ancienne abbaye fût réservée pour y établir un haras.*» (2)

«... *le 15 juin, le ministre des Finances informait le préfet de l'Eure "que le ministre de la Guerre mettait à sa disposition, comme inutile au service militaire, la ci-devant abbaye du Bec, où était un dépôt de remonte».* (6)

Dix ans après le départ des moines, l'état des lieux figurant au procès-verbal de remise des *«Bâtiments et dépendances de la ci-devant Abbaye du Bec»* constate les dégradations intervenues:

«Le deux fructidor an dix de la République [20 août 1802],... Nous, Ambroise Déjean, maire de la commune du Bec faisant fonctions de commissaire des Guerres au département de l'Eure... avons... procédé à la visite et examen des dits objets... Visite généralement faite de tous les bâtiments, nous avons reconnu que le mauvais état de plusieurs provient en partie du défaut d'entretien et de l'état de vétusté où se trouvent quelques-uns de ceux dispersés dans les cours et vergers ». (13)

Du Premier Empire à la Restauration: le Dépôt d'étalons du Bec (1802-1833)

La nouvelle destination du Bec

«En 1802, de la Maison sacrée, on fit un dépôt de chevaux. Napoléon... condamna le Bec à devenir un haras. J'ai, pour le cheval, un tel respect que je préfère encore des animaux généreux à des hommes infâmes, mais cependant, à l'époque, quelle profanation inouïe!»(12)

«Lorsque Bonaparte fonda l'Ordre de la Légion d'Honneur, il donna en apanage à chacune des cohortes de cet Ordre un domaine national. La loi du 2 juillet 1803 désigna l'abbaye du Bec pour être le chef-lieu de la 14° Cohorte qui en prit possession théoriquement au mois d'octobre suivant.» (2)

Le prestigieux maréchal Masséna, "enfant chéri de la victoire" et futur duc de Rivoli, tenait le rang de chef de cohorte.

«L'édifice servant de chef-lieu, l'un des monuments les plus considérables du ressort, devait être somptueusement restauré et aménagé afin de permettre au grand personnage, auquel il était affecté, de soutenir son rang avec richesse et éclat.» (14)

«Cette nouvelle destination ne satisfit guère les habitants car personne n'occupait l'abbaye; aussi adressèrent-ils une requête à l'empereur pour que "les bâtiments fussent employés à un établissement public.» (6)

Or, *«dans l'empire agrandi par ses victoires les besoins en chevaux étaient considérables et toujours insatisfaits...»* (2)

Le 11 décembre 1802, un rapport présenté au Conseil d'Etat énonçait: *«La Légion d'Honneur, à raison des biens que la Nation lui a affectés... est tenue d'entretenir, dans les propriétés qui lui sont concédées, des étalons propres à régénérer les races de chevaux.»*(14)

«Le décret impérial du 4 juillet 1806 divisa le territoire français en six arrondissements, comprenant chacun un haras et cinq dépôts d'étalons. Les haras accueillaient à la fois des étalons et des juments poulinières, alors que les dépôts n'abritaient que des étalons faisant la monte dans une circonscription délimitée.

Le 1er arrondissement des Haras, l'arrondissement du Nord, avait pour centre le haras du Pin. Parmi les dépôts d'étalons dépendant du Pin, deux étaient situés en Normandie, à Saint-Lô et au Bec-Hellouin, tous deux étant installés dans d'anciennes abbayes.» (15)

«Le dépôt du Bec fut rapidement installé dès l'automne..., un premier contingent [«de 15 étalons tirés du Haras du Pin» (1-b)*] fut affecté au Bec, complété l'année suivante par des achats effectués en Normandie.»* (2)

«Le nombre d'étalons du dépôt du Bec-Hellouin subit de fortes variations...: en vingt-six ans, ce nombre... varia entre 25 et 52 («Un inventaire détaillé... signé... le 20 janvier 1813 signale la présence de 14 palefreniers et de 30 étalons» (2)*. Les étalons du dépôt étaient de trois catégories: des chevaux de selle, des carrossiers et des chevaux de gros trait, auxquels s'ajoutaient quelques poulains de un à trois ans, élevés dans les herbages du Bec.*

La circonscription du Bec était très importante pour l'administration des Haras, puisqu'elle englobait deux berceaux de races parmi les plus considérables de France: le pays d'Auge, riche en carrossiers, et le pays de Caux, dont les chevaux de gros trait étaient les vrais chevaux d'artillerie.

Sous l'Empire, pour répondre aux énormes besoins de la cavalerie, les chevaux de selle étaient les plus nombreux au Bec.» (15)

Les noms de beaucoup d'entre eux sont parvenus jusqu'à nous grâce aux autorisations qu'accordait l'Administration, l'heure venue, de les réformer et de les vendre après, en général, leur avoir fait subir la castration... Certains, cependant, y échappaient...

Conservons donc, pour l'anecdote, le souvenir d'Hector *« qui est vieux, usé, et qui ne donne plus de production»* (1-d), de Formidable *« qui est cornard, poussif, outré et dont les extrémités antérieures sont détestables»* (1-d), de Bernière *«qui n'a que 11 ans, est borgne et presque aveugle par suite d'attaques de fluxion périodiques »* (1-d), de Compère, Monarque, Résolu, Milord, l'Eveillé, l'Algérien, le Bienaimé, Michel-Ange, le Mignon, Pompée...

«Les étalons du Bec devaient contribuer à l'amélioration et à l'embellissement des races de chevaux de la circonscription par l'intermédiaire du système de la monte. Chaque année, la saison de monte commençait à une date variable, entre février et avril, et durait tout le printemps et le début de l'été. Les étalons, âgés de quatre ans et plus, quittaient alors Le Bec, sous la conduite des palefreniers, et se rendaient dans des stations de monte. Celles-ci étaient aménagées chez des particuliers ayant le titre de gardes-étalons. Quelques étalons restaient faire la monte au dépôt pour les juments des environs. Partout la saillie était payante, sauf pour les juments des gardes-étalons.

L'organisation de la monte dans la circonscription du Bec faisait l'objet de critiques de la part des inspecteurs généraux. Tout d'abord, le dépôt lui-même était mal situé... Ensuite, la répartition des étalons dans les stations de monte (douze en 1825) laissait beaucoup à désirer... La gratuité des saillies accordée aux gardes-étalons pour leurs juments était, d'autre part, source d'abus... Le prix des saillies était jugé trop élevé...» (15)

L'inégale compétence du personnel

«Ainsi le dépôt de l'Eure prenait rapidement une influence considérable pour l'élevage régional et même national... «Cette place de première importance exige des connaissances étendues et une expérience reconnue. Il y faut un chef de dépôt d'une capacité éprouvée». Ce sont les termes d'un rapport adressé le 1° avril 1809 par le bureau des Haras à M. de Champagny, ministre de l'Intérieur.» (2)

Les postulants à cette fonction ne firent jamais défaut. Sept "chefs de dépôt" commandèrent successivement au Bec: Messieurs Desvieux (1806-1809), Raguet de Brancion (1809-1813), de Vaugiraud (1813-1817), Frémont (1817-1820), de Bourracher (1820-1825), de Tilly (1825-1826), Balbi de Montfaucon (1826-1833).

«Une quinzaine de personnes étaient employées au dépôt d'étalons: le chef du dépôt [chargé de la surveillance générale de l'établissement mais aussi d'effectuer des tournées à travers sa circonscription afin de connaître les propriétaires], l'agent comptable [chargé de tenir la caisse du dépôt et les registres de comptes. Il assurait aussi l'intérim en l'absence du chef de dépôt.], l'artiste vétérinaire [le rôle du vétérinaire était capital dans l'établissement, puisqu'il veillait à la fois sur la santé des chevaux et sur leur ferrure.], le chef palefrenier, une dizaine de palefreniers et le portier...» (15)

Le 6 janvier 1807, c'est de Varsovie que Napoléon décréta:

«Les Inspecteurs Généraux et autres employés dans l'Administration des haras porteront un uniforme ainsi qu'il suit:

Habit gros bleu, collet écarlate brodé en argent, bouton d'argent avec un cheval en relief autour duquel sera écrit Haras Impériaux.» (1-b)

Suivait le détail des broderies de largeur variable selon le grade.

« La tenue des palefreniers, édictée le 4 mars 1809, prescrivait:

- Redingote droite drap gris fer, un rang de boutons, poches en bas. Collet de drap rouge, bouton des haras.

- Les chefs, un galon en argent sur la manche.

- Le chapeau rond, des demi-bottes. Pour l'intérieur, un bonnet de police gris fer, la veste ronde, le pantalon (l'hiver, en drap; l'été, en coutil ou treillis).

- La redingote et les bottes se portent en grande tenue.» (11)

L'ensemble du personnel fit fréquemment l'objet de critiques de la part des inspecteurs successifs des Haras, à l'exception intéressante des palefreniers qui *«étaient en général d'anciens soldats ou d'anciens employés des remontes militaires...*

Aussi bien au Bec qu'à l'extérieur, les palefreniers tenaient un rôle très important. Au dépôt, ils pansaient et soignaient les étalons, chaque palefrenier étant généralement chargé de quatre chevaux; de plus, ils travaillaient à l'entretien des bâtiments. A l'extérieur, pendant la saison de monte, ils emmenaient les étalons dans les stations et en avaient la responsabilité.

Au total, bien que ne sachant en général ni lire ni écrire, souvent "sales et déguenillés", les palefreniers nous apparaissent à travers les rapports d'inspection, comme les éléments assurant au mieux le fonctionnement du dépôt.» (15)

Sous l'Empire, la personne la plus controversée fut incontestablement Monsieur de Brancion. Déjà "épinglé" dans les rapports annuels de l'inspecteur général des Haras (*«Je n'ai jamais vu un dépôt aussi mal tenu»* (1-d) et malgré une tentative qu'il fit, le 4 janvier 1812, de se justifier par écrit, il fut enfin gravement mis en cause par une série de dénonciations à la suite d'une affaire de maquignonnage.

Aussi, le Ministre de l'Intérieur, par lettre du 21 août 1812, adressait-il au Préfet de l'Eure, sous la forme d'un questionnaire extrêmement poussé, une demande de renseignements, naturellement qualifiée *"confidentielle"*, en précisant, pour faire bonne mesure, qu'ils devaient être communiqués *«...à moi seul. Vous pouvez être assuré qu'ils ne sortiront pas de mon cabinet.»* (1-b)

Raguet de Brancion «s'en tire bien» pour ce qui est des deux premières questions qui reçoivent réponse favorable:

- «Quelle est son aptitude pour la place qu'il occupe et s'il la remplit d'une manière satisfaisante?»

- «Les chevaux qui composent le dépôt sont-ils traités avec tous les soins qu"ils exigent?»

Les choses se gâtent nettement dans la suite du rapport: le chef en prend pour son grade!

- « Le régime intérieur de l"établissement est-il convenable?»

- «Quelle est la considération dont jouit Monsieur Raguet de Brancion?»

«Le régime intérieur de l'établissement est mauvais. Monsieur Raguet de Brancion, dont l'autorité n'est balancée par personne, exerce un pouvoir despotique sur les agents qui sont sous ses ordres, il est accusé de chercher à gagner avec les fournisseurs, mais il n'y a pas de preuve.

Monsieur Raguet de Brancion est généralement mal vu et ne jouit d'aucune considération.»

La suite est à l'avenant:

- *«Quelle a été l'ancienne direction de son opinion politique?": "un peu révolutionnaire"!*

- *«Quelles sont ses relations sociales?":* aucune!, *«ne voit que les paysans des environs, chez lesquels, même, il va manger"!*

-*«Quelle est l'évaluation approximative de sa fortune et la source de cette fortune?": « totalement inconnue".*

- *«Quelles étaient son ancienne existence, sa situation de famille?»:* il vit avec une femme et *«passe pour avoir été marié dans le temps qu'il était à Bruges.»*

Bref, bien que techniquement compétent, Monsieur de Brancion est présenté comme un homme peu conventionnel, à la limite du douteux! Il était, par ailleurs, notoire qu'il traitait avec beaucoup de désinvolture son principal adjoint.

Or, à sa nomination, le Ministre lui avait précisé: *«Je pense que cette décision en vous plaçant sous l'auguste protection de Sa Majesté vous engagera à faire de nouveaux efforts pour mériter de plus en plus ce bienfait.»*(2)

Quelques mois après cet échange de correspondance, il sera prié de laisser sa place au marquis de Vaugiraud, lequel fera, ultérieurement, on le verra, l'objet d'un rapport autrement plus élogieux... avant d'être lui-même remis en question!

Transformations ou destructions des bâtiments conventuels.

10. - LE BEC-HELLOUIN. - Vue partielle du Refectoire prise du canal des Cerisiers

L'aile, dont on aperçoit l'extrémité, comprenait au rez-de-chaussée le Réfectoire, et à l'étage les cellules des religieux. Commencée le 23 juin 1742, elle fut terminée en 1747. Les canaux accompagnés d'avenues d'arbres avaient été aménagés en 1704.

«A cette époque, les bâtiments de l'abbaye avaient très peu souffert, en partie grâce à la modération et l'initiative des chefs successifs du dépôt-remonte... On ne peut douter que si le monument avait été laissé à l'abandon, peu de temps aurait suffi pour qu'il fût ruiné de fond en combles et réduit à des pans de murs qu'auraient bientôt envahi les ronces, le lierre et les orties.»(7)

«Un premier rapport fut adressé au ministre de l'Intérieur en novembre 1806 par M. de Croismare... Au Bec, il avait trouvé l'établissement provisoire très bien formé et il se montrait optimiste: «Cet établissement offrira toutes les commodités possibles, de vastes écuries, une belle cour, un ancien cloître couvert pour promener les chevaux l'hiver, de bonne eau vive partout, de belles infirmeries...» (15)

Notons cependant, à propos de *«bonne eau vive partout»* que le site allait se revéler plus malsain qu'il n'apparaissait... Un second rapport, en 1808, rapportera que *«les nombreux canaux du Bec n'ont pas été curés depuis plus de vingt ans...; ce n'est que vers le quinze novembre que cette opération peut se commencer; dans toute autre saison de l'année, on compromettrait la santé de tous les habitants de l'abbaye et même du village...; les eaux stagnantes empestent l'air...; des fièvres d'un caractère nouveau y sont devenues communes et dangereuses...»* (1-d)

Un autre rapport, adressé le 23 mars 1807, au Préfet de l'Eure, par un Ingénieur des Ponts et Chaussées, confirme malgré tout que l'ancienne abbaye, somme toute, faisait, en effet, encore belle impression:

«Ce local est non seulement propre à un simple dépôt, mais il conviendrait à un établissement plus en grand, à un haras: il offre la facilité de loger avec magnificence soixante étalons dans les deux bâtiments neufs formant équerre du côté de l'enclos. L'écurie qui existe maintenant dans l'ancien réfectoire, peut, ainsi que vous en avez eu l'idée, se prolonger sur toute la longueur du bâtiment et former une écurie de la plus grande beauté; tous les acces-

soires d'un semblable établissement existant déjà, il ne faut que vouloir les utiliser.» (1-b)

Il y a de quoi rester rêveur à lire ces lignes dans lesquelles l'admiration esthétique va de pair avec l'utilitarisme le plus matériel qui se puisse envisager!

«En fait, en vingt six années d'existence, le dépôt d'étalons du Bec ne répondit jamais vraiment aux espoirs initiaux.

Essayer d'adapter les bâtiments monastiques à leur nouvelle destination était , il est vrai, une rude tâche. A cette fin, plusieurs projets successifs, mêlant démolitions, réparations et constructions furent établis. Mais tous étaient très coûteux, ce qui retarda la décision du gouvernement. Pendant ce temps, les écuries provisoires se dégradaient rapidement. « Les étalons brisent tout ", déplorait l'inspecteur général Wimpffen en 1808, « rien ne tient dans ce local ruiné par les soldats et les valets qui l'habitaient durant la Révolution.»(15)

« On commença de démolir en 1810.» (12)

« Comme on n'avait fait aucune réparation, l'église finissait par menacer ruine. Dans une lettre du 23 février 1809, le sous-préfet de Bernay [avait rendu] *compte au préfet d'une visite qu'il avait faite au dépôt du Bec...; il classe les bâtiments à conserver et ceux qu'il faut démolir; l'église est condamnée à disparaître. «Cet édifice, d'architecture gothique, est dans le plus mauvais état; plusieurs de ses parties menacent ruine; des portions de voûte sont déjà tombées dans les collatéraux; on ne peut même y pénétrer sans courir de dangers. Ce n'est qu'à regret, M. le Préfet, que je propose la destruction de cette église qui produit un bel effet dans le paysage, et qui donne un ton de grandeur et un aspect imposant à cette ancienne abbaye; mais outre*

que sa restauration exigerait des dépenses considérables, il serait difficile de l'utiliser, la commune du Bec ayant une église spacieuse, solide et nouvellement bâtie...»

« La même lettre renferme les lignes suivantes: «A démolir: la flèche du beffroi en y comprenant la charpente qui supportait les cloches, les fers et les plombs; je propose cependant de conserver le beffroi, dont les matériaux d'un très petit appareil présentent peu de valeur, qui n'exige aucuns frais d'entretien et qui est fait pour annoncer un établissement impérial! A démolir: l'ancien chapître, bâtiment gothique de mauvais goût et dont l'eau perce les voûtes en plusieurs endroits.»(6)

«En 1808, l'inspecteur général Solanet n'avait pas caché son sentiment: « J'ai toujours regardé comme ridicule le projet de conserver l'église de l'abbaye comme un objet d'art.» (15)

« Il faut dire à l'honneur du préfet de l'Eure, le baron Chambeaudouin, qu'il fit son possible pour s'opposer à ce désastreux projet. Le 16 décembre 1807, il écrivait au ministre de l'Intérieur: « Je viens du Bec, où je me suis transporté pour la distribution des prix du poulinage, et je vous avoue que l'église forme avec les autres bâtiments un ensemble si beau, donne à ces lieux un tel caractère de majesté que je n'ai pu réfléchir sans peine au dessein que l'on a conçu de la faire disparaître. Je crains qu'en enlevant ce superbe édifice, on enlève en même temps le caractère de majesté qui résulte de l'ensemble de ces bâtiments, et qu'on ne détruise ainsi un des plus beaux établissements qui existent. Je regrette infiniment que le gouvernement, au lieu de détruire, ne veuille pas consentir aux frais d'entretien.» (6)

«L'église abbatiale dont la toiture avait été endommagée par un orage fut abattue...Il n'en subsista que... "la tour Saint-Nicolas ", désormais isolée par des allées nouvellement tracées qui étaient des pistes cavalières...» (2)

« A quoi servent ces monuments?» faisait dire aux vandales post-révolutionnaires le jeune Victor Hugo qui déclarait, avec violence et lucidité, la "guerre aux démolisseurs". «Cela coûte des frais d'entretien, et voilà tout. Jetez-les à terre et vendez les matériaux. C'est toujours cela de gagné.»Ainsi fut fait, en dépit des efforts du préfet impérial de l'Eure.» (16)

« En effet, ce n'est point aux énergumènes de 93 que l'on doit reprocher la destruction de cette splendide basilique, mais au gouvernement impérial.» (6)

« L'autorité militaire, absente depuis 1802, n'en fut ni le témoin, ni encore moins l'exécuteur.» (7)

«L'entrepreneur arrive, avec sa file de tombereaux, ou le paysan, qui passe, remplit distraitement sa brouette. Le bourgeois et l'homme du peuple s'unissent pour l'oeuvre impie.» (12)

Les dépouilles de l'ancienne abbaye continuaient de susciter, naturellement, des convoitises, et pas seulement chez les gens de peu... Le 14 février 1811, le sous-préfet de Bernay sollicita, et obtint, le transfert dans l'hôtel de la sous-préfecture de quelques vestiges:

«Il existe dans l'ancienne bibliothèque de la cy-devant abbaye du Bec quelques pilastres en bois de chêne qui sont susceptibles d'être employés dans mon nouveau logement. Ces objets dépérissent depuis longtemps à cause du mauvais état du toit.» (1-b)

«...les bâtiments nécessaires au dépôt d'étalons, dans lesquels il fallait opérer des tra-

L'ancien réfectoire monastique transformé en écurie

vaux, comprenaient notamment l'ancien réfectoire et les cuisines des moines, où l'on devait aménager une écurie de 40 chevaux à l'anglaise, c'est-à-dire d'un seul rang, de 68 mètres de long sur plus de 8 mètres de large: l'étage était consacré à des logements pour le personnel... Les travaux de la grande écurie de 40 chevaux ne commencèrent qu'à l'été 1812. L'année suivante, ... c'était la plus belle et la plus commode écurie qu'[on eût] *jamais vue.*

Mais le reste des travaux traînait en longueur. De plus, ils étaient mal exécutés, l'ingénieur ordinaire des ponts et chaussées les faisant faire " à sa fantaisie". L'entretien des murs de clôture de l'établissement et l'assainissement des prairies, extrêmement humides, augmentaient encore les dépenses. En 1818 enfin, les travaux étaient à peu près achevés.» (15)

Les difficultés des temps incertains

Mais voici que tout, de nouveau, venait de changer.

« L'Empereur est tombé, les Bourbons reviennent..., après Waterloo, l'armée prussienne sera au Pin fin août 1815.»(2)

« Le dépôt souffrit beaucoup à la fin de l'Empire, en raison des énormes besoins de la cavalerie impériale. L'occupation prussienne finit de le désoler: en décembre 1815, l'inspecteur Dupont ne put voir que la moitié des étalons, les autres étant «dispersés ou cachés par la crainte des troupes étrangères.» Le dépôt se reconstitua ensuite lentement sous la Restauration.» (15)

Il faudra désormais parler du "Dépôt Royal d'étalons du Bec".

«On n'a pas de renseignements sur la vie du dépôt du Bec au cours de cette période troublée... La visite annuelle de l'inspecteur général est l'occasion d'un rapport technique et de la notation du personnel. M. de Vaugiraud est apprécié: «Excellent écuyer, très homme de cheval, sévère pour les autres et pour lui-même, exigeant le service avec une rectitude militaire.»(2)

Toutefois, le reproche lui était fait de ne pas suffisamment résider au Bec. Par ailleurs, on n'avait peut-être pas oublié en haut lieu que, nommé en 1813 et maintenu en poste lors de la première Restauration, il avait prêté serment à l'Empereur, en mai 1815, pendant les Cent-jours (sur le document à en-tête, conservé aux Archives nationales, qui en communiquait à Paris le texte dûment signé: *«Je jure obéissance aux constitutions de l'Empire et fidélité à l'empereur»* (1-d), figurent encore les formules *"Haras Royaux"* et *"Le Chef du Dépôt Royal d'Etalons du Bec"*, les mots *"Royaux"* et *"Royal"* ayant été rectifiés à la main! La deuxième Restauration ne laissa pas le temps de réimprimer de nouveaux formulaires impériaux! Une fois de plus, la petite histoire du Bec accompagnait la grande Histoire de France...)

Toujours est-il que son absence du dépôt lors de l'inspection de 1817, alors qu'il venait de commettre une faute sensible, fut très probablement la cause de son départ:

«Monsieur de Vaugiraud a fait en 1815, et sans y avoir été autorisé, des réparations pour plus de six-mille francs...; que peut dire un inspecteur général, chargé de donner son opinion sur des travaux faits loin de lui et depuis deux ans, lorsque ceux sous les yeux de qui ils ont été faits, peuvent à peine se rappeler eux-mêmes en quoi ils consistent, et n'ont à fournir que des renseignements très insignifiants.» (1-d)

Frémont, l'agent comptable, s'était en effet montré aussi embarrassé qu'évasif: *«..., il m'a répondu qu'il n'était chargé que d'acquiter les bons de payement que son chef donnait sur lui et que cela lui avait été rappelé, lorsqu'il avait voulu faire quelques représentations.»* (1-d)

Pour conclure, l'inspecteur recommandait que l'on approuvât, malgré tout, la dépense, non sans intimer au chef de dépôt qu'il s'abstînt, à l'avenir, de ce type d'initiative!

En fait, *"promoveatur ut moveatur"*, c'est en vertu d'un vieil adage ecclésiastique (intéressante réminiscence en ces lieux!) que le marquis de Vaugiraud fut, peu de temps après, prié de céder la place à son adjoint.

Celui-ci *«a certainement connu des années difficiles. La France, obligée de payer des contributions énormes et d'entretenir les troupes étrangères, ne pouvait organiser sérieusement son élevage, en face des besoins considérables en chevaux pour le commerce et l'agriculture. Le directeur du haras du Bec semble avoir été un technicien, écouté des propriétaires, attentif aux problèmes normands...»* (2)

Il suivait en cela l'exemple de sa hiérarchie: en 1818, le Baron Farine, commandant le Dépôt général des Remontes, fit publier un avis qui assouplissait les conditions d'admission des chevaux de remonte. Il y abordait, notamment, une question dont la difficulté n'était pas nouvelle:

« Enfin, quant à la garantie des suites de la castration des chevaux (garantie dont le Gouvernement ne peut se priver, et que j'ai reconnue comme un des principaux obstacles au succès de la remonte), j'ai, ..., pris des arrangements avec un vétérinaire de Caen qui se charge de couper les chevaux de remonte, et répond des suites de l'opération...

D'après ce, les propriétaires seront désormais libres de livrer au dépôt leurs chevaux entiers, et ils se trouveront déchargés des frais et de la garantie de la castration...

...ceux donc qui préféreraient faire opérer leurs chevaux à leurs frais et répondre des suites de la castration seront libres de prendre ce parti...» (1-b)

Encore, en 1840, le maire de Saint-André-de-l'Eure répondra au Préfet, sur cette délicate question:

«... concernant la castration des chevaux de remonte... je ne sache pas qu'aucuns de nos cultivateurs livrent leurs chevaux à cette opération..., l'effet, disent-ils, est de les rendre malades... puis ils deviennent moins vigoureux; ils préfèrent les vendre aux marchands ordinaires pour ce qu'ils valent, sans courir les dangers qui suivent ordinairement cette opération.» (1- b)

«Le rétablissement des relations commerciales avec l'Angleterre va permettre l'importation en Normandie d'étalons convenant mieux à la jumenterie que les reproducteurs indigènes jugés trop communs. En particulier des trotteurs anglais sont appréciés. Luckoll, Cleveland, Arion... utilisés au Bec laisseront une excellente réputation...» (2)

La même année 1818, justement, un voyageur anglais, Mr Dawson Turner, séjournant en Haute Normandie, passa au Bec:

«Au moment de quitter le Bec, un soldat m'invita à me promener dans la partie des terres de l'abbaye (et elles étaient très étendues), qui était aménagée dans le but de conserver à part la vraie race de chevaux normands. Le gouvernement français possède plusieurs établissements de ce genre; il considère cette question comme étant d'une importance nationale...

Dans cette région, le prix moyen actuel d'un cheval de hussard est de 19 livres sterling (475 F), d'un cheval de dragon de 34 livres (850 F), d'un cheval d'officier de 80 livres (2000 F). Ces prix sont considérés comme élevés, mais non comme extravagants". (17)

Les incertitudes politiques des débuts de la Restauration empêchaient certainement que l'on veillât à tout ,partout: l'administration du dépôt du Bec en fournissait une regrettable preuve si l'on en croit le rapport d'inspection de 1818 qui critiquait, plus ou moins durement les trois principaux responsables.

Monsieur Frémont, le nouveau "chef" *« est un très brave homme; mais il n'est pas connaisseur en chevaux, et quelquefois il met un peu d'insouciance ou de paresse à remplir ses devoirs; son zèle a besoin d'être activé. Je pense cependant que comme il se trouve très heureux d'être placé chef dans son propre pays, d'après les recommandations que je lui ai faites, il mettra plus d'activité et plus de soins que jamais à remplir ses fonctions...»* (1-d)

Monsieur Bourdon de Gramont, le nouvel agent comptable, apparaît comme *«un parfait honnête homme mais d'un caractère difficile à définir ; il s'effarouche de tout, il est impossible de lui faire une simple observation sans le voir changer de figure ; il croit toujours que l'on veut attaquer sa probité. Je lui crois peu de moyens et peu de tête, on le voit par les difficultés qu'il éprouve à faire son travail ; on ne peut concevoir qu'en se renfermant huit ou neuf heures par jour dans son bureau, le mois ne lui suffira pas pour mettre ses écritures à jour. Il est de plus extraordinairement méfiant, cela est poussé à tel point qu'il ne met dans la caisse qu'une partie des fonds, il cache le reste dans ses tiroirs, sous son linge, dans des armoires, enfin dans tous les coins de son appartement ; il s'enferme chez lui avec des doubles cadenas ; les fenêtres mêmes sont cadenassées jour et nuit quoiqu'il demeure au premier au-dessus d'un entresol très élevé. Enfin on serait souvent tenté de croire qu'il est en démence. Somme toute c'est l'homme le plus original que l'on puisse trouver.»* (1-d)

Pour n'être pas des plus fatteurs, ce portrait n'en demeure pas moins encore indulgent. Tout autre est celui de Monsieur Damalix, l'"artiste vétérinaire", présenté froidement comme *« un des plus mauvais vétérinaires des haras... ; ... dans un établissement aussi important que le Bec, il faut un artiste vétérinaire de 1ère classe... ; c'est... un homme plus dangereux qu'utile à garder dans l'administration»* (1-d). Suivait une proposition de mise à la retraite anticipée, réitérée l'année suivante et finalement décidée.

Frémont parti, son successeur, le marquis de Bourracher, ne trouva pas non plus vraiment grâce aux yeux de l'Administration. Année après année, sa personnalité émerge des archives : *«Cet officier est estimable sous tous les rapports, il a beaucoup de connaissances en équitation ; mais je lui en crois peu en chevaux, surtout en étalons ...; n'ayant aucune idée à lui, il saisit toutes celles qu'on lui donne, en n'ayant pas assez d'expérience de notre partie pour choisir les meilleures... Si Monsieur de Bourracher, relativement à son âge avancé offre des inconvénients, il offre aussi l'avantage d'avoir appelé la considération publique sur les officiers et employés de son établissement... Monsieur de Bourracher est un peu minutieux et par suite un peu tracassier. Cette manière d'agir tient à beaucoup de délicatesse et à une crainte extrême de ne pas remplir la totalité de ses devoirs... Il est fâcheux que ses facultés intellectuelles ne correspondent pas à sa bonne volonté... Ses connaissances sont peu étendues, il n'a pas de tête et aucun moyen... Sa correspondance est tellement embrouillée que... le préfet m'a même dit qu'il renonçait à lui répondre... Je lui crois aussi le caractère tracassier, ce qui arrive souvent aux personnes qui ont peu d'esprit et qui veulent se mêler de tout.»* (1-d)

Ouf ! On ose espérer que ces rapports demeuraient confidentiels... tout en s'interrogeant sur les critères qui présidaient au choix de ces responsables... Ces temps n'étaient décidément ni simples ni faciles!-

On conseilla au marquis de s'en tenir rigoureusement à l'application des règlements, tant pour son repos (la Règle de Saint Benoît ne recommandait-elle pas à l'Abbé, en quelque sorte "prédécesseur", en ce lieu, du chef de dépôt : *«Il ne sera pas agité et anxieux, ni excessif et obstiné, ni jaloux et soupçonneux, car il ne serait jamais en repos.»*) que pour celui de ses supérieurs et subordonnés !

Il avait, en effet, été nécessaire de convaincre Monsieur de Coëtquen, le nouvel officier comptable, de retirer une demande de mutation : tout en estimant ce jeune homme «*plus occupé de ses plaisirs que de ses devoirs*» (1-d), l'inspecteur convint qu'en des torts partagés les deux hommes présentaient un mélange d'aigreur et d'estime réciproques...

Nouveaux travaux, nouvelles critiques

La correspondance échangée en permanence entre les responsables du dépôt et leurs autorités de tutelle évoque surtout les nombreux travaux d'entretien dont font l'objet les bâtiments (le manège et la grande écurie, notamment, entendez le cloître du XVIIème siècle et le réfectoire mauriste du XVIIIème!), et les successives opérations d'adjudication (18) qui en découlent; le principe de «l'adjudication au rabais» (18) s'applique également couramment pour l'approvisionnement en fourrages. On peut ainsi, en 1819, lire, dans tout le département, un avis du sous-préfet de Bernay, relatif au *"Dépot Royal d'étalons du Bec"*:

«*Le Public est prévenu que le Samedi 28 août 1819,...il sera procédé... à l'adjudication au rabais... de la fourniture de foin, avoine, paille, son et orge à approvisionner dans les magasins, greniers et écuries du Dépôt, pour la nourriture des étalons et chevaux de service dudit Dépôt, pour trois années, à commencer du 1er novembre prochain.*» (1-b)

Des difficultés de voisinage sont, de temps à autre, signalées. Par lettre du 15 juillet 1824, l'Administration des Haras, prenant acte qu'il s'est élevé quelques difficultés entre le commandant et les propriétaires voisins «*relativement aux cours*

La facade arrière du logis abbatial

La cour d'honneur du logis abbatial

des eaux qui alimentent les fontaines du dépôt et qui servent aux irrigations des prairies dépendantes de cet établissement", enjoint le Préfet de l'Eure d'*"examiner les diverses prétentions des propriétaires... et de déterminer les droits du Dépôt dont vous êtes le défenseur.»* (1-b)

Pour pallier un autre souci, la mitoyenneté, fréquemment orageuse, semble-t-il, avec *«le sieur Constant Duruflé, fabricant de draps»* (1-b), propriétaire de la *"maison abbatiale",* une étude et un devis sont entrepris, en 1825, aux fins d'établir un mur de séparation dont le dépôt *«fournirait la pierre et le silex.»* (1-d)

Le contentieux semblait provenir de ce que les contrats de vente de cette propriété avaient été *«très mal rédigés ; il paraît qu'ils ne portent que les mots "l'Abbatiale et ses dépendances" sans stipuler quelles sont ces dépendances...»* (1-d)

Le "logis abbatial" dont la reconstruction, sur des vestiges médiévaux, datait de 1735, avait été, comme d'innombrables propriétés ecclésiastiques confisquées dès les débuts de la Révolution, vendu comme "bien national".

Son adjudication, avait, très classiquement, eu lieu au cours d'une vente aux enchères, le 23 janvier 1792. C'est un sieur Michel Grandin, habitant la commune de Marcouvilles, qui avait emporté l'affaire, au quatrième feu, moyennant la somme de 39 000 livres.

De ce jour, le bâtiment demeura une propriété privée, se transmettant ensuite par vente ou succession, pendant deux siècles, aux familles Duruflé, Hébert, Tessier, Chassaing de Borredon. La mise en vente de ce bien en 1989 (année du Bicentenaire!) permettra à l'Etat, par préemption, de reconstituer l'unité du Domaine en 1990.

Notons, enfin, qu'à l'occasion de certains travaux, les difficultés surgissant entre le responsable du dépôt et telle entreprise sont du même ordre que celles qui, hier comme aujourd'hui, peuvent survenir entre n'importe quel particulier et son prestataire de service: l'un se plaint de malfaçons et de retards d'exécution, l'autre déplore les négligences dans le règlement de ses factures!

Ainsi, en 1826, le sieur Chérel, entrepreneur en maçonnerie, las de solliciter les avances de fonds espérées, interrompt même purement et simplement le chantier! Le chef du dépôt s'en indigne auprès du Ministère... Mal lui en prend. Sollicité de donner son avis sur l'incident, l'Architecte chargé du département remet, le 30 septembre, un rapport dans lequel il "épingle", sans ménagements excessifs, Monsieur de Montfaucon; celui-ci a ordonné d'importants et onéreux travaux, en procédant selon la méthode de l'"attachement" (18), alors que l'habituelle opération d'adjudication est toujours bien moins dispendieuse: *«tout le monde est d'accord sur ce point et M. le chef seul en paraît éloigné !»*(1-b)

Il faut dire qu'il jouait de malchance. Il venait tout juste d'arriver au Bec et succédait à Monsieur de Tilly qui y avait fait un passage éclair de seulement une année, juste le temps de séduire, comme jamais, le redoutable Inspecteur des Haras : *«Cet officier distingué mérite tous les éloges possibles... Je ne saurais trop dire de bien de cet...homme en qui l'administration peut avoir une entière confiance.»* (1-d) On ignore les raisons pour lesquelles ce responsable ainsi louangé ne demeura pas de longues années à son poste...

Monsieur de Montfaucon, qui fut le dernier chef du dépôt du Bec, dut souffrir de la comparaison et ne fut guère mieux noté que ses prédécesseurs : *«Son caractère "vif et bouillant" heurtait les cultivateurs du pays..., il montrait "un peu trop de rudesse envers les propriétaires et cultivateurs, ce qui serait bon en Bretagne mais mauvais en Normandie.»* (15)

Finalement, des fonds seront consentis qui permettront d'obtenir l'achèvement des travaux: Monsieur de Montfaucon aura sauvé la face... mais non sa réputation de gestionnaire avisé, économe des deniers de l'Etat!

«En fait, une évidence s'était bien vite imposée : les bâtiments de l'ancienne abbaye étaient complètement inadaptés à un dépôt d'étalons. C'est ce qu'exprimait l'inspecteur général de Bonneval en janvier 1822 : «Lorsqu'on a voulu placer un dépôt d'étalons à l'ancienne abbaye du Bec, il aurait été important d'examiner si une aussi grande étendue de bâtiments était nécessaire pour loger de 40 à 50 étalons, les employés et les magasins.» Il aurait été préférable à ses yeux «d'y placer un établissement d'un autre genre comme un collège royal, un séminaire, une grande manufacture [...]. Cette propriété cernée de murs de 20 pieds de hauteur, 4 pieds d'épaisseur et d'une immense étendue exige une dépense considérable

pour son entretien. Le bon état où les moines les avaient laissés va cesser et les réparations coûteront beaucoup.» L'inspecteur concluait donc: «Il faut aujourd'hui abattre ou réparer.»

En conséquence, de nouveaux programmes de démolition furent mis au point. En 1827, la belle écurie à l'anglaise de 40 chevaux, qui, à l'usage, s'était révélée malsaine fut même détruite et remplacée par une nouvelle grande écurie. Le dépôt d'étalons du Bec-Hellouin fut donc presque continuellement en travaux.»(15)

«Une ordonnance du Roi en date du 16 janvier 1825 reprit toute l'organisation impériale... Le premier arrondissement fut désormais constitué par le haras du Pin... et deux dépôts d'étalons: Saint-Lô et Le Bec...» (2)

Le "règlement général des Haras Royaux" décrivait ainsi l'uniforme des officiers:

«...un habit gros bleu avec boutons d'argent ou argentés, ayant un cheval en relief, autour duquel est écrit Haras Royaux, et avec collet écarlate et broderies en argent suivant les grades...» (11)

En juin 1826, visitant le Bec, un jeune religieux spiritain, le Père Loevenbruck, exprima une opinion désolée sur l'affectation profane de l' *« ancienne et si célèbre abbaye du Bec, où Lanfranc et saint Anselme avaient été religieux, prieurs et abbé...»* Peut-être fut-il l'un des premiers à envisager qu'il fallait réagir contre cet état de chose: *«Cela me fit tellement mal au coeur, que j'essayai de faire des démarches pour que ce bel édifice reçût une destination plus conforme à son origine toute religieuse. Mais, par malheur, quelqu'un qui aurait dû me seconder efficacement me fit opposition et m'empêcha ainsi de réussir dans cette oeuvre si désirable. Ainsi vont souvent les choses en ce bas et triste monde des humains !»*

La fin d'une époque

La Révolution de 1830, nouvel avatar politique, en mettant fin à la Restauration, contribua à réorienter les destinées du Bec.

« La nouvelle monarchie de Louis-Philippe... imposa une réduction importante des crédits pour les haras et la suppression de 9 dépôts d'étalons, dont le Bec! (ordonnance du 10 juin 1832)...

La dispersion des étalons et du matériel se fit progressivement fin 1832 et début 1833. Un nouveau personnel militaire était tout prêt à prendre la suite de l'administration civile des haras. Les locaux ne resteront pas vides.» (2)

«Cette décision n'était pas tant la conséquence d'un mauvais fonctionnement que le résultat de la concurrence permanente que se livraient deux administrations : l'administration civile des Haras qui travaillait sur le long terme puisqu'elle faisait naître, et l'administration militaire des Remontes, dont la politique d'achat visait au court terme. Après le changement de régime de 1830, la tendance devint favorable aux militaires, certains réclamant même le rattachement des haras à l'administration de la Guerre. Le Bec retourna donc au service des remontes militaires comme sous la Révolution.» (15)

«... l'ordonnance du 11 avril 1831... avait donné aux remontes militaires un statut bien défini. Les buts recherchés étaient de créer des dépôts au centre des régions productrices de chevaux de selle, d'y attacher un personnel

compétent, de procéder enfin à des achats réguliers de jeunes chevaux, en ménageant leur avenir par une sage préparation...

la saillie des étalons dits militaires était gratuite. Quant aux poulinières placées dans ces dépôts, l'effectif le plus important fut l'apanage du Bec-Hellouin, "dépôt hors circonscription". (11)

"Le 3 juillet 1833, le dépôt d'étalons fut transféré au Pin et l'abbaye fut restituée au Ministère de la Guerre qui en fit la succursale du dépôt de remonte de Caen.» (7)

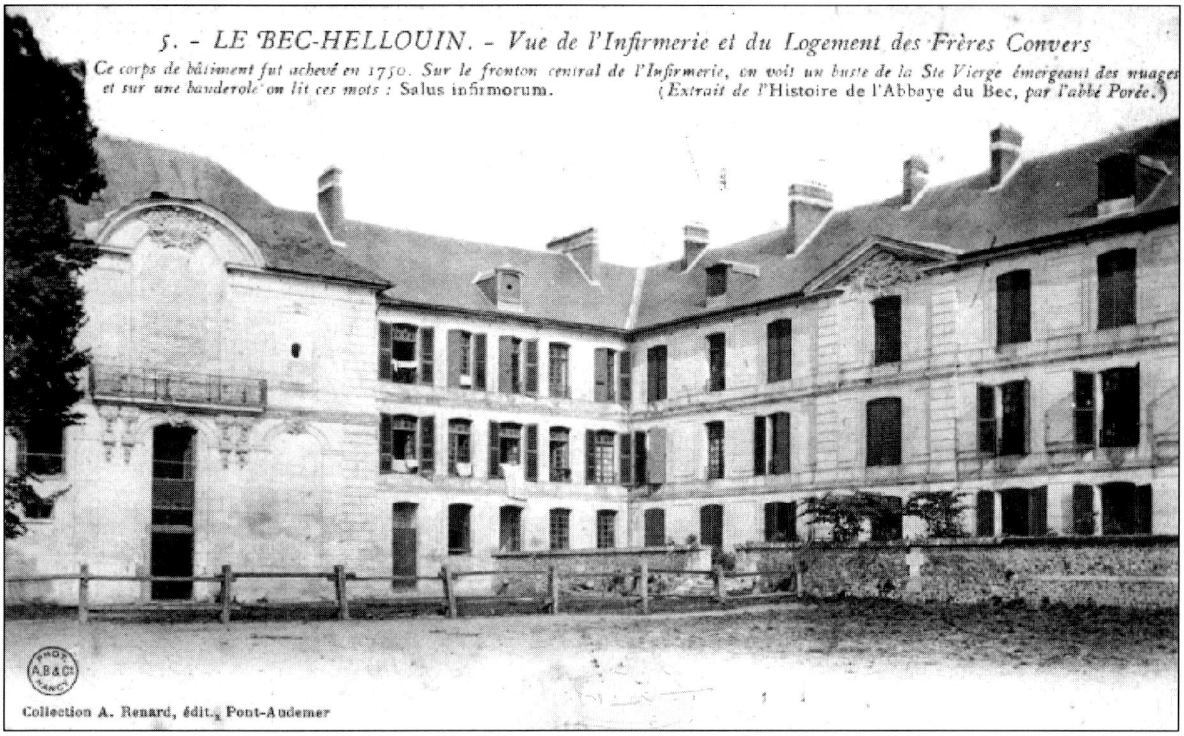

Heurs et malheurs de la "succursale" du dépôt de remonte de Caen (1833-1892)

De la Monarchie de juillet au Second Empire (1833-1870)

Chef d'oeuvre en péril ou sauvegardé?

« Quand on considère le monastère et ses dépendances, le site qui lui servait de cadre, son choix comme dépôt de remonte était judicieux; d'ailleurs nul n'élèvera alors la voix en faveur de son classement.

Un rapport établi en 1831, quand on songeait déjà à en faire un dépôt de remonte, en fait une avantageuse description:

«Le domaine du Bec est d'une étendue susceptible d'offrir de grands avantages pour l'éducation des poulains. Il est enclos de murs excellents dont une partie a été réparée en 1828 et en 1831; les bâtiments sont en très bon état; on pouvait loger un certain nombre d'officiers et de quatre à cinq-cents hommes. on s'y procure facilement toute espèce de fourrages. Les eaux y sont abondantes et bien distribuées pour arroser les prairies des chevaux.

Le dépôt du Bec est grand, vaste, et présente intérieurement l'aspect d'une maison royale...Le domaine comprend une étendue totale de terrain de 28 hectares 30 ares et quelques centiares, enclos de murs de 25 pieds de haut et de 3 pieds environ d'épaisseur»

414. LE BEC HELLOUIN (Eure) – Panorama de l'Ancienne Abbaye XVe siècle

Ce rapport, très détaillé, prévoyait en outre l'aménagement des locaux disponibles en écuries. Effectivement, des transformations furent opérées successivement dans le but de loger les chevaux. Le cloître, d'abord utilisé comme manège couvert, subit par la suite la fermeture de ses vingt-quatre arceaux et l'installation de râteliers et de mangeoires. Néanmoins, l'esthétique générale de l'oeuvre de La Tremblaye était respectée, les délicates sculptures également; les plus importantes furent même protégées contre le vandalisme éventuel et inconscient de ses hôtes, les poulains. Déjà le majestueux réfectoire avait été aménagé en écurie ainsi que la galerie de l'orangerie... L'ancienne hôtellerie fut utilisée longtemps comme manège, puis tout en gardant cette appellation devint à son tour écurie. Puis furent édifiés des bâtiments annexes isolés des bâtiments conventuels sauf les boxes, construits sur l'emplacement de la "maison des servants" et, en partie, de la bibliothèque.» (7)

«L'établissement militaire [allait contribuer] à la satisfaction des besoins en chevaux de l'armée [qui fut] rapidement renforcée: la cavalerie [prenait] une importance nouvelle et l'éventualité d'une guerre [rendait] indispensable l'acquisition d'une grande quantité de chevaux...

Ils [étaient] de qualité modeste les poulains normands [garnissant] désormais les écuries du Bec-Hellouin. Les bâtiments n'eurent pas besoin de transformation. En quittant les lieux le personnel du haras avait laissé tout en ordre. Tout au plus, sous prétexte de nettoyage va-t-on utiliser abondamment la chaux: les sculptures des couloirs, les escaliers furent englués d'épaisses couches blanchâtres. Le grand réfectoire de 74 m sur 9 sera tout naturellement, et non sans quelque fierté, "l'écurie de la remonte", une des plus belles qui soit.

...l'ordonnance du 11 avril 1831 avait fixé [la mission des officiers du service des Remontes militaires]: l'achat de chevaux pro-

Réfectoire actuel de l'abbaye avant restauration

Le cloître transformé en écurie

pres au service de la guerre et l'éducation des poulains. Lorsque les Bexiens ... avaient l'occasion d'apercevoir le Commandant du dépôt de remonte de Caen ou ses adjoints, ils étaient dans l'admiration de leur prestance. L'habit bleu, le pantalon garance, tous les détails des parements, retroussis, passepoils, buffleteries blanches, jusqu'au "shako en tissu noir avec ganse garance" surmonté du "pompon sphérique à flamme garance" contribuaient à leur autorité...

La direction de la "succursale" du Bec était assurée par un capitaine.»(2)

Le premier s'appelait François et le dernier Dupas. En l'absence de toutes archives militaires, ce n'est que très incidemment que les noms de certains d'entre eux sont parvenus jusqu'à nous: Germain, Nusbaumer, Gaulle, Bavard, Galot, Lacassagne...

Il semble cependant qu'eux aussi firent régulièrement l'objet d'inspections et de rapports. La IIIème République ne se distinguera d'ailleurs en rien de la Monarchie ou de l'Empire quant au souci qui sera le sien de s'assurer de la loyauté de ces militaires.

Le capitaine Brenier ayant été muté, en 1888, du dépôt du Bec à celui de Saint-Lô, le Préfet de l'Eure s'empressera, en effet, de satisfaire la curiosité de son collègue de la Manche: « *Les antécédants et la moralité de M. le commandant Brenier sont excellents. L'ancien chef du dépôt de remonte du Bec-Hellouin a toujours eu au point de vue politique une attitude extrêmement correcte. Lors de récentes élections municipales au Bec-Hellouin, M. Brenier a manifesté sa satisfaction du succès de la liste républicaine...*» (1-b)

«Un vétérinaire militaire sera toujours nécessaire sur place... lieutenant,... capitaine,... ou commandant. Son influence administrative et ses interventions s'exerceront avec le concours des maréchaux.

En plus de la routine du service quotidien pour l'entretien des chevaux, les "séances d'achats" apportaient une agitation et un intérêt exceptionnels. De même les journées où étaient constitués et mis en route les lots destinés aux unités...» (2)

La municipalité du Bec en tira argument, lors de la discussion d'un projet visant à améliorer la desserte routière entre la commune et le Neubourg *«d'où le dépôt de Remonte tire ses avoines.»:*

«le dépôt de remonte du Bec offre à l'agriculture du département de l'Eure des débouchés considérables, soit pour la vente des chevaux, fourrages, grains et autres denrées, et il est étonnant qu'un établissement aussi important soit privé de communications faciles avec les routes qui passent aux deux extrémités de la commune du Bec qui, du reste, a des ressources peu considérables et des charges qui l'empêchent de faire des sacrifices pour la réparation de ses chemins qui du reste sont très fréquentés par toutes les voitures qui approvisionnent le dépôt. » (1-a)

Ce problème de circulation était d'ailleurs beaucoup plus général et se reposait chroniquement. Aux lendemains du coup d'Etat du Prince-Président, Louis-Napoléon Bonaparte, soit près de quinze années plus tard, évoquant de nouveau *«...un Dépôt de remonte qui tient, sans conteste, le premier rang des Etablissement de ce genre soit par la beauté, la grandeur et l'élégance de ses bâtiments soit encore par les grands et gras pâturages qui l'entourent...»,* les édiles s'interrogeront: *«...on comprend*

à peine comment, jusqu'à ce jour, il n'est pas survenu d'accident lorsqu'à la promenade les cavaliers, tenant chacun trois chevaux, les conduisent dans nos chemins étroits.» (1- a)

« A noter que, dès 1840, la Commission des Monuments historiques avait classé la tour Saint Nicolas, mais que, dans son exclusive ferveur médiéviste, elle avait négligé d'étendre sa protection aux ailes classiques... Aussi bien, [les bâtiments Louis XV] purent-ils être impunément déshonorés par les aménagements utilitaires de l'armée: les cellules des moines furent transformées en dortoir, et le réfectoire en écurie, sort que partageait le cloître dont les arcades avaient été, tant bien que mal, obstruées; des ouvertures furent percées, ici et là, au petit bonheur, ou au grand malheur des ordonnances primitives.» (16)

«Dans la continuité des mois il y eut des accrocs comme l'épidémie de morve en 1845 qui fit beaucoup de dégâts (19). *Il faudra les réparer.»* (2)

«La plupart des officiers qui se succédèrent durant cette longue période à la tête de l'établissement, se sont montrés, en collaboration avec le service du Génie de Rouen, des conservateurs bénévoles du monument. Certains ont témoigné, dans la mesure compatible avec les nécessités militaires, de l'intérêt qu'ils portaient à l'archéologie du Bec. En voici un exemple éloquent... On lisait dans les journaux de Rouen le 28 décembre 1846 la note suivante:

«Les travaux de nivellement que M le capitaine Germain, commandant le dépôt de remonte, fait exécuter avec tant de zèle et de persévérance sur l'emplacement de l'église de l'ancienne abbaye bénédictine du Bec ont mis sur la trace d'une découverte intéressante pour les archéologues de France et d'Angleterre. C'est une boite en plomb dans laquelle on a trouvé

des ossements, quelques parties de galons d'argent et un morceau de soie avec une inscription gravée sur le plomb ainsi conçue:

Ossa illustrissimae D.D Mathildis
imperatricis infra magnus altare reperta
2 mart 1684 in eodem loco collocata
eodem mense et anno...(20)

On pourrait ainsi multiplier les exemples... tous, ou à peu près, soit par la découverte de quelque vestige intéressant, soit par la recherche historique, soit en s'efforçant de protéger l'intégrité architecturale du monument, ont contribué à sa conservation, à son développement et à son embellissement.» (7)

Effectivement, des travaux de nivellement exécutés en 1851-1852 dans la cour d'entrée du dépôt, permirent encore la découverte de *"onze pièces de monnaie ancienne, dont quatre en argent d'une époque fort reculée"* (1- e)

«Pour être complet nous ajouterons que l'abbaye du Bec fut constamment l'objet de la sollicitude du service du Génie chargé de son entretien et qu'elle bénéficia ces dernières années encore de crédits importants.» (7)

En 1850, mourut le dernier survivant de l'ancienne communauté monastique, Dom Louis-Julien Benoist (1753-1850). C'était un Normand de Savigny (Manche). Il avait fait profession à Jumièges en 1776 puis avait fixé sa stabilité au Bec à partir de 1783. Ayant occupé la charge d'apothicaire, il ne quitta l'abbaye qu'en 1793: son art étant considéré comme utile à ses concitoyens, les autorités l'avaient autorisé à demeurer dans " *le manoir abbatial*".

Dès 1790, il avait officiellement déclaré qu'il désirait « *demeurer à l'abbaye du Bec, si celle-ci est conservée, et si elle ne l'est pas, il sortira du cloître toutes les fois que le cas l'exigera.»* (6) Le 27 août 1792, il prêta le serment exigé des religieux: « *Vivant en communauté..., je n'ai jamais oublié que j'étais citoyen avant d'être religieux; j'ai toujours observé les lois de l'Etat et j'y serai toujours soumis ...; c'est donc librement et pour donner une preuve sensible de mon amour de la patrie, de mon sincère dévouement à tout ce qui intéresse la chose publique, que je viens prêter le serment civique et qui est gravé depuis longtemps dans mon coeur; en conséquence, je jure d'être fidèle à la nation et de maintenir de tout mon pouvoir la liberté et l'égalité et de mourir pour la défendre...»* (6)

Après son installation dans le bourg, consécutive à la mise en vente, comme bien national, en 1792, de "*la maison abbatiale*", la République ayant ordonné la levée en masse face à l'envahisseur, il fut tiré au sort, le 15 mars 1793, parmi les onze « *volontaires et défenseurs de la patrie»* que devait fournir la commune. Ayant alors fait état, grâce à deux certificats médicaux, de « *plusieurs infirmités et une faible santé»* , il obtint, après un nouvel examen, d'être remplacé, présentant « *une cicatrice à la partie supérieure de la cuisse gauche qui ne lui permet pas d'entreprendre de voyage.»* (1-a)

Quelques jours plus tard (13 avril 1793), il fit enregistrer par la municipalité la remise de ses lettres de prêtrise, signifiant par là sa décision de retourner à l'état laïc.

Par la suite, il siégea, du I° Empire à la Monarchie de Juillet, dans le "Corps municipal" du Bec: il est cité et signe pour la dernière fois dans le registre des délibérations le 13 mars 1840. Qualifié dans ledit registre, au 15 mai 1793, d' *"apoticaire ré-*

BEC-HELLOUIN (Eure). - Le Moustier
C'est dans cette maison que mourut en 1850 le dernier moine du Bec Dom Benoist

sident (sic) *en cette commune"*, il y fit, en 1796, l'acquisition *"de M. Charles Villain, cultivateur, demeurant à Glos sur Risle"*, pour la somme de 6500 F, d'une maison dite "le Moustier" ou "l'Apothicairerie" ou encore "la Maison Mouchet". Il y termina ses jours, à l'âge fort avancé de 97 ans, le 25 juin 1850 à onze heures du soir.

Le 2 juillet, le "Courrier de l'Eure" publiait une courte mais élogieuse notice nécrologique: *«Monsieur Benoît a terminé chrétiennement sa longue vie qui fut toujours celle d'un homme de bien; il traversa nos orages politiques, sans prendre part aux turpitudes de ces malheureux temps; il est arrivé à la fin de sa longue carrière sans aucune infirmité.*

Monsieur Benoît est probablement le dernier membre de la célèbre congrégation de Saint-Maur; il emporte les regrets de tous ceux qui l'ont connu.» (1-b) (21)

A son sujet, M. Veuclin rapporte le trait suivant: *«Terminons par un bon mot que l'on prête à un des derniers moines du Bec resté dans le pays, M. Benoist. Un jour, un prélat visitant l'abbaye se permit une comparaison triviale et déplacée en faisant remarquer à son entourage qu'aujourd'hui logeaient des chevaux où jadis habitaient des ânes, voulant parler des moines qui, selon lui, étaient ignorants, paresseux et bons à rien. «Monseigneur, répliqua avec beaucoup d'à-propos le vieux religieux, les ânes de mon temps avaient plus d'esprit que les évêques d'à présent.» Cette historiette, dont nous ne garantissons pas l'authenticité, circule encore dans le pays et est la dernière preuve de la valeur morale des derniers religieux du Bec.»*(9).

Une activité débordante

Le 5 décembre 1852, soit trois jours après la date officielle et historique, on célébra au Bec la restauration de l'Empire: le commandant, les officiers et les détachements du dépôt étaient présents à la messe et au Te Deum célébrés dans l'église paroissiale, et on loua, à la mairie, *«le zèle de monsieur le Commandant de la succursale de Remonte du Bec qui a assisté avec sa troupe sans en avoir reçu l'ordre de ses chefs.»* (1-a)

«Au Bec l'activité était grande.» (2)

Les nombreuses expéditions et guerres menées pendant le Second Empire (1852-1870) se révélèrent, en effet, dévoreuses de chevaux d'autant que, du fait des conditions souvent précaires du transport des animaux, les pertes hors-combats étaient déjà élevées.

L'Empereur ayant décidé de favoriser, par un soutien militaire, la réalisation de l'unité italienne, le Bec-Hellouin, *«...pendant la guerre d'Autriche (sic), en 1859, a trouvé moyen de donner en trois mois à l'armée plus de 9000 chevaux, c'est-à-dire plus de chevaux à lui seul que les dépôts de Saint Lô, d'Alençon, de Caen et de Tarbes...»* (1-e)

Se posa alors, en diverses occasions, la question des nuisances liées au logement chez l'habitant des militaires de passage, venus choisir des chevaux, notamment lorsqu'ils se présentaient la nuit. La municipalité crut avoir trouvé la solution:

«Monsieur le Commandant du Dépôt offre et s'engage de faire loger tous les militaires devant séjourner un jour ou deux dans la commune dans l'Etablissement de remonte qu'il dirige, afin de les avoir sous la main pour l'exécution de leur service.

Quant à M.M. les officiers, un hôtel sera désigné pour les recevoir convenablement à leur arrivée.» (1-a)

Et pour subvenir aux frais ainsi engagés, le Conseil municipal sollicitait l'autorisation d'imposer la commune de *«un centime par franc sur les quatre contributions.»*

Comme souvent, l'affaire traîna en longueur et l'Empire s'était effondré avant qu'elle fût résolue!

Le régime successeur hérita de la doléance dès le 30 octobre 1871, les habitants du Bec étant d'autant plus exaspérés qu'ils venaient de subir les exactions prussiennes; il n'était, en revanche, plus question de proposer un impôt compensatoire!

Mais le règne de Napoléon III fut aussi le temps du "Moyen-Age retrouvé", en partie grâce au mouvement romantique. Eugène Viollet-Le-Duc restaura et réhabilita à tout va... Si le Bec n'eut pas la "chance" d'attirer son attention (passons sur les controverses à propos des conceptions de l'architecte impérial en matière de sauvegarde du patrimoine médiéval), c'est le moment où il retint celle de son futur historiographe:

«C'est en 1866 que je visitai pour la première fois les ruines de l'abbaye du Bec. Je demeurai vivement frappé de la grandeur silencieuse du site... vieux témoin d'un passé disparu... où l'on n'entend plus que le hennissement des chevaux ou le commandement bref des officiers.» (6)

«Il y avait autrefois (nous nous plaçons vers 1863), au coeur de notre Normandie verdoyante, les restes encore imposants d'une

vieille abbaye bénédictine fondée au XI° siècle, désaffectée alors de toute vie religieuse et où ne soufflait plus l'Eprit de Dieu.» (22)

La guerre franco-prussienne de 1870-1871 mit à rude épreuve les dépôts de remonte. Fidèle au principe des nationalités, Napoléon III, à la fin du règne, avait laissé s'accomplir la réalisation de l'unité allemande. Il en comprit trop tard le péril qui nous conduisit à une guerre rapidement perdue et au désastre de Sedan.

«Pensons à ce que coûtèrent en chevaux les tourbillons de la cavalerie du 6 août 1870 à Reichshoffen et Froeschviller... sans compter les marches éprouvantes... Bien entendu le dépôt du Bec ne peut fournir les chevaux de remplacement, il est vide...» (2)

Pourtant, *«pendant la défense nationale* [le gouvernement provisoire républicain entre septembre 1870 et janvier 1871] *lorsqu'il était impossible de trouver des chevaux en France, ce même dépôt trouvait encore moyen, au mois de novembre 1870, de fournir à l'armée 2000 chevaux.»* (1-e)

«Abandonnant leur uniforme particulier, les officiers de remonte adoptent la tenue, encore élégante mais plus discrète, des officiers de cavalerie.» (2)

L'armée et les éleveurs normands

La IIIème République à peine née, *«la presse locale publie le 1° août 1871 le communiqué suivant:*

Dépôt du Bec-Hellouin "Pour l'exécution des ordres de M. le ministre de la Guerre, le comité du dépôt du Bec-Hellouin procédera à l'achat des chevaux ci-après pendant le mois d'août, au Bec-Hellouin à l'établissement.

Chevaux de tête de réserve et de ligne, de quatre à sept ans. Chevaux aptes à remonter la gendarmerie (ces chevaux doivent être de robes sombres, de l'âge de quatre à sept ans, taille de 1,56 m à 1,61 m, et réunir les qualités requises pour faire un bon service). Les opérations auront lieu au dépôt, les lundis, mercredis et vendredis, à sept heures du matin"...

Au début de 1873, le commandant du dépôt fait publier la lettre suivante:

«Monsieur le Maire, j'ai l'honneur de vous informer que... le ministre de la Guerre vient d'autoriser le service de la remonte à une surélévation marquée des prix moyens des chevaux affectés à chaque arme de la cavalerie... Je viens donc vous prier de donner immédiatement connaissance de cette disposition bienveillante pour les éleveurs, à ceux de vos administrés qui y sont intéressés...»

La grande écurie du Bec-Hellouin reçut de sérieux aménagements: mangeoires et râteliers remis à neuf, hauts bat-flancs régulièrement suspendus à des chaînes scellées aux voûtes. Les litières soigneusement entretenues et bordées contribuaient à l'agrément du coup d'œil d'ensemble.

Les achats étaient plus ou moins fréquents selon les crédits disponibles, mais la tenue des chevaux, sinon leur qualité, était surveillée de près.» (2)

Les origines militairement désastreuses de la IIIème République amenèrent le nouveau régime à faire le choix d'une prudente et réparatrice diplomatie de paix. Aussi, des bruits ne tardèrent pas à se répandre en Normandie: on envisageait de supprimer le dépôt de remonte du Bec par mesure d'économie... Le Conseil d'arrondissement se fit l'écho de ces rumeurs en sa séance du 17 juillet 1879:

«Les bâtiments du dépôt du Bec, la situation toute exceptionnelle de ce grand établissement militaire, son état sanitaire, tout fait supposer que l'on ne peut penser à en changer la destination: aussi le Conseil d'arrondissement, dès à présent, ne peut que protester contre les changements que l'on songerait à y apporter.» (1-e)

La protestation des élus était vigoureusement encouragée par les éleveurs locaux, évidemment soucieux de leurs intérêts, d'autant que des exigences nouvelles de l'armée les contraignaient sans cesse à adapter leurs activités.

Une note circulaire de février 1880 les avisait ainsi que le développement de l'artillerie les obligerait à prévoir d'assurer l'élevage de chevaux plus grands, une mesure de faveur transitoire permettant toutefois d'accepter encore *«des chevaux de la taille intermédiaire, 1 m. 49 au minimum, sous la condition expresse que ces animaux ra-*

chèteront cette insuffisance de taille par l'ampleur des formes, la puissance des membres et un degré de sang convenables.» (1-e)

Les responsables du dépôt firent également publier pendant plusieurs années, à la veille des séances d'achat, un avis, certes plus anecdotique *:« Il est recommandé, aux éleveurs et aux marchands, de ne pas présenter au comité des chevaux qui ont la queue coupée trop courte: ces animaux seraient ajournés ou refusés.»* (1-e)

La Tour Saint-Nicolas: un problème!

La politique d'économies posait également avec acuité le problème de la sauvegarde des bâtiments qui, le temps passant, se dégradaient lentement:

«Si la tour Saint Nicolas n'avait pas été classée sous Louis-Philippe, l'armée l'eût certainement abattue sous la troisième République. Le génie ne l'envisagea-t-il pas, en 1888, avec un dédain tout militaire, estimant qu'" aucun parti" ne pouvait "en être tiré, même après restauration"?» (16)

Du fait de ce classement, la sauvegarde de la tour Saint Nicolas fut en effet périodiquement l'enjeu d'une querelle, d'origine essentiellement financière, entre l'Administration des Beaux-Arts et les autorités militaires. Une illustration exemplaire nous en est fournie par un véritable "feuilleton" qui rebondit entre 1888 et 1892.(1-c)

Le 29 mars 1888, le Général commandant la 3ème Brigade de Cavalerie du 3ème Corps d'Armée écrivait au Préfet de l'Eure:

«J'ai l'honneur de vous informer que je suis avisé par M. le Chef d'Escadrons Commandant d'Armes au Bec-Hellouin que la tour, classée monument historique, qui se trouve à l'entrée du dépôt de remonte de cette place, présente des dangers incessants.

Le chemin d'accès du dépôt passant à 14 mètres du monument il est fort à craindre qu'un jour ou l'autre il arrive un accident, même au milieu de la chaussée.

J'ai l'honneur de vous prier de vouloir bien faire auprès de Monsieur le Ministre des Beaux-Arts des démarches pour que des réparations soient faites à cette tour. Une palissade solide pourrait être établie dès maintenant pour en empêcher l'accès.»

A tout instant, d'énormes pierres se détachent du faîte et tombent aussi bien en dehors qu'en dedans du monument. Le 26 courant un morceau d'une cinquantaine de kilogrammes s'est détaché de l'ogive d'une des fenêtres supérieures et est tombé à plusieurs mètres du pied de la tour.

Un rapport fut immédiatement et très réglementairement rédigé, en juillet suivant, par la commission des Monuments Historiques:

«... la tour de l'abbaye du Bec Hellouin... présente des dangers pour la sécurité de la gar-

nison... Le service des Monuments Historiques consacra, il y a quinze ou vingt ans, une somme de 12 000 F à la réfection de la couverture et à la restauration des chêneaux et balustrades; malheureusement, l'Administration militaire, ne tirant aucun parti de ce bâtiment, ne l'a pas entretenu, les eaux pluviales ont pénétré dans les maçonneries supérieures par les joints des chêneaux ouverts, envahis par des végétations parasites, et dont les gargouilles, obstruées, ne fonctionnent plus; la gelée a fait son oeuvre et le sommet des baies, surtout au sud et à l'est, est gravement détérioré. Les nombreux touristes qui visitent la tour du Bec augmentent les dégradations de la toiture en montant sur la couverture en ardoise que rien ne peut protéger, puisqu'il n'y a pas de gardien du monument.»

Le problème fut ensuite abordé, à l'occasion de plusieurs séances, par ladite Commission:

«L'administration militaire ayant signalé le mauvais état de la tour de l'ancienne abbaye située à l'entrée du dépôt de remonte de la place d'Evreux, la Commission, sur la proposition de M. Delmersheim, rapporteur, est d'avis de charger M. l'architecte Gabriel Ruprich-Robert de dresser sans retard un devis des réparations nécessaires et, en attendant l'exécution des travaux, d'inviter l'Administration militaire à placer sur les faces sud et est de la tour une barrière provisoire, destinée à parer à tout accident.» (27 juillet 1888)

«Sur la proposition de M Delmersheim, rapporteur, la commission est d'avis d'approuver un devis de 16585 F 58 dressé par M.G.Ruprich-Robert pour les réparations urgentes à faire à cet édifice et d'allouer conditionnellement la moitié de la somme nécessaire pour cette dépense dont l'autre moitié

serait demandée à l'Administration de la Guerre.» (28 juin 1889)

La résolution pouvait sembler équitable; encore fallait-il que l'autre partie en convînt... La réponse du Général commandant la 3ème Région militaire à l'Administration des Beaux-Arts date du 25 septembre 1889:

«J'ai fait rechercher si cette construction qui est inutilisée depuis de longues années est susceptible de rendre encore quelques services et il en résulte des renseignements qui me sont parvenus que, même après restauration, aucun parti ne pourrait en être tiré.

Dans ces conditions, quelque désirable que puisse être, au point de vue artistique, la conservation de la tour de l'Abbaye, je ne saurais consacrer à sa remise en état aucune partie des crédits votés par les chambres pour les bâti-

ments militaires alors qu'il me faut souvent ajourner, par manque de ressources suffisantes, des améliorations intéressant au plus haut point le bien-être et l'hygiène des troupes.»

L'écriture suprêmement élégante de cet officier contraste étonnamment avec ce que peut avoir de choquant pour l'intelligence cette très militaire fin de non-recevoir!

Dans le même temps, à toutes fins utiles, peut être, le Préfet de l'Eure mettait discrètement les choses au point avec la municipalité du Bec, en un courrier du 5 juillet 1889:

«... la mesure du classement... ne doit pas avoir pour conséquence de supprimer les responsabilités et les charges qui incombent aux communes... propriétaires de ces monuments.

La surveillance et l'action de l'Etat ne sauraient, en effet, se substituer efficacement à celles que les localités peuvent et doivent exercer quand il s'agit notamment de travaux d'entretien périodiques ou immédiats que réclame la conservation des édifices.

Il importe donc... de ne pas laisser s'établir cette opinion que le classement d'un monument transfère à l'Etat les responsabilités et les charges inhérentes à la propriété.»

Le maire ne tardera pas, nous allons le voir, à contester, avec, certes, quelques raisons, cette argumentation...

C'est à l'époque de ces turbulences et au lendemain de la publication par un érudit local, Victor-Emile Veuclin, d'une étude sur la "Fin de la célèbre abbaye du Bec-Hellouin", qu'en juillet 1889, à l'occasion du Congrès Archéologique, la Société libre de l'Eure, section de Bernay, avec le concours de la Société d'Archéologie et le produit de souscriptions, fit graver à l'entrée de la porte de l'abbatiale une inscription commémorative résumant brièvement l'histoire de l'abbaye. (23)

En attendant, il ne restait plus à la Commission, si l'on ose dire, qu'à "changer son fusil d'épaule"!:

«L'Administration de la Guerre ayant refusé de concourir à la dépenses des travaux projetés et ayant demandé même que la tour soit affectée à l'Administration des Beaux - Arts, l'architecte a dû restreindre son projet et en éliminer tout ce qui n'avait pas un caractère d'urgence: le devis se trouve réduit de la sorte de 16600 francs à 10056F 44.

M. le rapporteur Delmersheim propose en conséquence d'élever la subvention de 8000 francs, précédemment accordée, au chiffre total de la dépense, à moins que l'on espère obtenir ce supplément de la Commune ou du Conseil Général.

M. Boeswillwald est d'avis de solliciter le concours du Conseil Général avant d'autoriser les travaux.

Ce dernier avis est adopté.»(séance du 9 mai 1890)

On le constate, les choses n'étaient pas simples! Or, le problème s'était déjà posé au début du Second Empire. Le 3 août 1853, en effet, le Préfet de l'Eure écrivait au Ministre d'Etat:

«Vous avez accordé, par décision du 24 janvier dernier une subvention de 8000 francs pour réparer la tour de l'abbaye du Bec, classée parmi les monuments historiques...

Dès 1845 [cinq ans, donc, après le classement de l'édifice], *le Conseil général avait*

ouvert, pour la conservation des restes de l'abbaye du Bec, un crédit dont l'emploi n'a pu avoir lieu par suite d'une espèce de conflit élevée au sujet de la propriété des bâtiments. Le Ministre de la Guerre avait en effet décidé, le 17 octobre 1847, que la moitié de la dépense serait supportée par le budget du génie, mais à la condition que les fonds fournis par le Département seraient mis à la disposition du service militaire.

Dans cette circonstance, je désirerais savoir à qui sera confiée la direction des travaux projetés. L'architecte du Département en sera-t-il chargé...ou bien les fonds doivent-ils être remis au Département de la Guerre?»

La réponse ne tarda pas:

«J'ai l'honneur de vous informer que cet architecte est M. Lambert sur le rapport duquel les fonds ont été accordés...avis a été donné à M. le Ministre de la Guerre... et mon collègue n'a fait aucune objection à ce sujet.»

Bref, de la Monarchie de Juillet à la IIIème République, en passant par le règne de Napoléon III, si les régimes valsaient allègrement dans la France du XIXème siècle, les administrations, elles, perduraient, chacune résolument cramponnée à ses prérogatives, heureusement, certainement, pour la continuité du destin national, très malheureusement, dans le cas qui nous occupe, pour la préservation des "chefs-d'oeuvre en péril ".

On est en effet, effaré d'apprendre, par une lettre adressée par le maire du Bec au conseiller général Join-Lambert, le 2 février 1892, que la situation est restée en l'état:

«les dégradations qui compromettent le sommet de la tour du Bec (monument historique) n'ayant été encore l'objet d'aucun travail de préservation et de restauration, ne font que s'aggraver.

Il avait été dressé il y a quelques années un devis de travaux s'élevant à 10 050 F. Sur cette somme le Conseil général a pris à sa charge 1000 F. La Commune a été invitée à fournir une somme d'environ 800 F; mais elle a fait observer qu'...elle était trop obérée; que d'ailleurs le monument situé sur son territoire ne lui appartient pas, mais à l'Etat, et que ce serait plutôt au ministre de la guerre qui en fait quelque usage et dont le gardien en tire quelque profit [il y en aurait donc un, contrairement à l'assertion du rapport de la Commission des Monuments Historiques?] *, à contribuer à cet entretien.*

Faute sans doute du concours réclamé tant de la Commune que du ministère de la guerre, ce travail urgent est resté en suspens. Il est à craindre que plus il sera différé, plus les dégradations seront coûteuses à réparer.»

Cela dit, il est bon d'observer que l'attitude de la municipalité fut constante; d'une part, elle encourageait résolument une politique de réparations urgentes, *«considérant...que la commune elle même subirait un grave préjudice matériel si les visiteurs ne pouvaient plus accéder au sommet de ce monument...»* (1-a), n'hésitant pas à renouveler ce voeu *"avec instance"* en 1889; d'autre part, elle refusa avec obstination de jamais participer aux dépenses.

Elle venait d'ailleurs, effectivement, d'opposer une fin de non recevoir à une sollicitation du sous-préfet:

«...la commune devra, pour combler le déficit, participer à la dépense pour la somme de 763 F 20.

Le Conseil... considérant que la tour du Bec est située dans l'enclos du Dépôt de Remonte de Cavalerie; que la Commune n'est à aucun titre propriétaire de cet immeuble dont elle n'a ni la garde, ni les clés, ni l'usage et dont elle ne retire aucun revenu... décide que la Commune ne doit entrer aucunement dans cette dépense puisqu'elle n'a aucun droit à revendiquer ni aucun contrôle à exercer.»(1-a).

Et de se retrancher derrière la législation des Monuments Historiques et le précédent de réparations *«faites à ce monument il y a environ trente ans sans qu'on ait réclamé le concours de la commune.»* (1- a)

Finalement, les travaux indispensables seront effectués en 1894. Ce qui n'empêchera pas, quelques années plus tard, le sous-préfet de Bernay de solliciter à nouveau la commune d'assurer le tiers d'une dépense de 159 F 85, pour des travaux d'entretien de la tour... A l'unanimité, le Conseil municipal s'y opposera, considérant *«que la tour est enclavée dans la propriété du dépôt de remonte appartenant à l'Etat... que la commune n'en tire aucune utilité et que dans les réparations jamais elle n'a payé.»* (1- a)

Les édiles finissaient ainsi par argumenter, sur un mode fort répétitif, à partir d'une jurisprudence soigneusement constituée par eux-mêmes!

Osera-t-on dire que depuis un demi-siècle l'infortunée tour était devenue une sorte de "mistigri" que les pouvoirs publics et locaux tentaient à qui mieux mieux de "se repasser"?

Les intérêts bien compris de la municipalité

En revanche, en de nombreuses occasions, la commune du Bec tira prétexte de la présence sur son territoire du dépôt pour défendre ou revendiquer avantages et profits...

Sitôt la IIIème République installée, à l'heure où se développait le réseau français des chemins de fer, le Conseil municipal allait déplorer, pendant de nombreuses années, que la Compagnie d'Orléans n'ait pas cru bon d'établir une gare-halte au Bec-Hellouin, faisant valoir:

LE BEC-HELLOUIN. - La Gare
Cliché Walter - Edition Pierre Amelot, Brionne

La gare du Bec-Hellouin

«...qu'il était de notoriété, et d'ailleurs les Etats de la guerre en feraient foi, que lors des guerres de Crimée, d'Italie et celle si malheureuse de 1870-1871, plus de 10 000 chevaux avaient été à chaque fois achetés au dépôt du Bec, que pour faire venir et envoyer ces chevaux aux régiments il était important dans un but d'économie pour l'Etat, d'avoir une station dans le Bec même, à la porte du dépôt de remonte où les chevaux arrivant avec rapidité par le chemin de fer, aussitôt achetés qu'arrivés, pourraient être envoyés aux divers régiments, ce qui, surtout dans un moment de guerre, serait de la plus grande utilité pour la défense du pays, comme pour la défense de l'établissement en lui-même, surtout lorsqu'on se rappelle que dans la dernière guerre, l'établissement militaire du Bec a été sans cesse l'objectif de l'armée prussienne, qui une fois en sa possession, le faisait garder par des troupes, intérieurement et extérieurement, avec la plus grande vigilance.»

Et pour conclure, outre une allusion à *«la quantité immense de fourrages et d'avoine dont le dépôt est obligé de s'approvisionner »*, le Conseil anticipait que *«... cette nécessité devenait encore plus forte si cet immense et bel établissement était à un moment donné destiné à devenir un parc d'artillerie avec garnison, ainsi que le bruit en avait couru plusieurs fois.»* (1-a)

Ce n'est qu'en 1888 que les voeux de la municipalité furent pleinement exaucés après qu'elle eut encore plaidé qu'*« il est de l'intérêt de l'Etat de faire embarquer les chevaux de remonte à la gare du Bec-Hellouin, distante du dépôt de 400 m, tandis que celle de Pont-Authou est éloignée de trois kilomètres. Les jeunes chevaux, en parcourant cette distance par un mauvais temps, sont exposés à contracter des maladies dont les résultats seraient évidemment au détriment des intérêts du Trésor. »* (1-a)

Une autre réclamation fut récurrente entre 1881 et 1890:

«Le Conseil demande... l'adjonction du bureau télégraphique au bureau de poste... particulièrement pour la commodité des communications très fréquentes du Dépôt de Remonte» , d'autant que *«... le maire fait continuellement fonction de sous-intendant militaire à cause du Dépôt de Remonte de notre localité.»* (1-a)

Il faudra une décennie de sollicitations pour que ce télégraphe soit enfin inauguré le 10 septembre 1891...

Il fallait également veiller, la commune rappelant fréquemment sa gêne financière, à ce que les activités du dépôt ne lèsent pas ses légitimes intérêts. Estimant que les chevaux étaient toujours vendus à ce dépôt à des prix très élevés, elle arrêta:

«... tous les chevaux qui seront à l'avenir présentés pour être vendus ou non au Dépôt de Remonte seront soumis à un droit de péage de 0F20 par cheval et au profit de la commune et payé par les vendeurs.» (1- a)

Les commerçants du cru veillaient également au grain, les militaires constituant une clientèle nécessaire:

« Le Conseil municipal: considérant que la commune du Bec-Hellouin possède une annexe de dépôt de remonte contenant une certaine quantité de soldats.

Que ces soldats ont très souvent, le dimanche, la permission de onze heures et même minuit; et qu'ils sont obligés d'aller ailleurs passer leurs soirées après 10 heures, c'est-à-dire après la fermeture des cafés du Bec.

Que les intérêts des habitants se trouvent alors lésés par suite du départ de ces hommes» (1-a), sollicite du Préfet qu'il accorde que cafés et débits de boissons du bourg demeurent ouverts jusqu'à 23 heures, les dimanches, jours de fête et de foire.

Il apparaît que ce voeu ne fut pas exaucé: on relève dans la presse locale, de nombreuses années plus tard, que la gendarmerie dressera procès-verbal à *"Mme Veuve Lamotte, hôtelière et débitante"* (1-e) puis à Mme Spicq, tenant même commerce, pour fermeture tardive: 22h30 dans le premier cas, 23h30 dans le second.

De certains comportements peu civils

Les militaires du dépôt ne se montraient d'ailleurs pas toujours très fréquentables au cours de leurs permissions nocturnes. Le comportement d'un certain nombre d'entre eux au cours d'une soirée passée à Brionne, le dimanche soir 14 novembre 1880, nous vaut un long rapport du commissaire de police du bourg qu'on me pardonnera de conserver in extenso: cela en vaut la peine!:

« A huit heures du soir, en faisant une tournée en ville, nous sommes entrés au bal public tenu par le Sieur Lebas où nous avons remarqué une douzaine de cavaliers de remonte ayant chacun un bâton à la main et, parmi eux, il y en avait un placé à leur tête armé d'une canne plombée et qui frappait à coups redoublés sur le parquet avec cette canne. Nous l'avons invité à faire moins de bruit, ce à quoi il a répondu: "Est-ce que nous ne pouvons pas danser?" Nous lui avons répondu: "Il ne vous est pas défendu de danser mais faites moins de bruit; ce n'est pas le fait de militai-

res de faire un pareil tapage!" Et il objecta sur un ton très élevé: "C'est bon, nous allons nous taire!"

Après cet incident, nous sommes entrés dans la salle du café où étaient attablés quelques jeunes gens civils et plusieurs cavaliers de remonte qui ne disaient rien. Entendant chanter à gorge déployée dans un cabinet donnant dans cette salle, nous nous sommes approchés de la porte de séparation pour voir qui était dans ce cabinet et nous avons vu, à travers les vitres, que c'étaient des cavaliers de remonte; leur chanson terminée (si toutefois il est permis d'appeler leurs cris chanter!) ils se sont levés pour sortir et nous avons entendu ces mots prononcés par l'un d'eux: "Ils en ont fichu un dedans l'autre jour, ils n'en ficheront pas deux, nous sommes en nombre aujourd'hui."

Ne sachant pas que la gendarmerie en avait arrêté un quelques jours auparavant, nous ne nous sommes pas arrêtés à ces propos; ils sont tous sortis de ce cabinet en chantant et gesticulant avec les bâtons dont ils étaient armés; la maîtresse de l'établissement les ayant priés de se taire ou de partir, ils sont entrés dans la salle de bal où nous avons été obligés encore d'intervenir pour les faire taire et leur enjoindre de laisser les danseurs tranquilles, les interrompant par les coups redoublés qu'ils donnaient sur le parquet et sur les bancs avec leurs bâtons et en se mettant entre eux.

Enfin ils s'étaient rangés à un bout de la salle où ils s'amusaient à faire des armes avec leurs gourdins. A ce moment, une personne nous fit demander à la porte pour nous déclarer qu'elle avait été volée à Pont-Authou; nous étions à peine sortis depuis deux minutes qu'un jeune homme courait après nous en nous criant: "Monsieur le Commissaire, venez vite, les cavaliers de remonte sont tombés à plus de vingt sur un jeune homme en l'assommant à coups de bâton!"

Les militaires en goguette!

Nous avons rebroussé chemin immédiatement et sommes arrivés dans la salle où nous avons vu en effet une vingtaine de militaires frappant un jeune homme auquel nous avions causé avant de sortir. Nous nous sommes précipités dans la mêlée en leur disant:" Malheureux, que faites vous là, c'est lâche de se mettre vingt sur un seul homme!"

Au même instant il nous fut porté un coup de canne plombée sur la tête qui fit jaillir le sang. Nous nous sommes emparé de l'agresseur duquel nous voulions voir le numéro matricule sur les effets mais il nous fut arraché des mains par une dizaine de ses camarades tandis que d'autres nous frappaient à coups redoublés avec leurs bâtons.

A cet instant, trois ou quatre jeunes gens se sont précipités dans la salle pour nous prêter main forte pendant que d'autres couraient, sur notre ordre, chercher les gendarmes. Avec l'aide des quatre jeunes gens qui nous aidaient nous avons réussi à les faire sortir de la salle.

Etant sur la porte, trois de ces forcenés se sont précipités sur nous et à ce moment un jeune homme que nous avions requis, le nommé Pitette Paul, et qui venait nous porter secours, a été assailli par huit militaires qui l'ont assommé à coups de bâtons, l'ont terrassé et, une fois à terre, ils ont continué à le frapper à coups de pied sur le corps et sur la figure.

Après la bagarre, des femmes, témoins de cette scène, ont été obligées de l'emmener chez lui.

A la suite de cette équipée, ils sont partis du côté de la Grand'rue en chantant à tue-tête, insultant les passants et vomissant des injures sur la police. Ils n'avaient pas fait cinquante pas quand les gendarmes Deberque et Estavoyer sont arrivés. Nous leur avons raconté en deux mots ce qui venait de se passer.

Nous suivions ces braillards à distance lorsque nous les avons vus s'arrêter au milieu de la Grand'rue. Ils y faisaient tellement de bruit que le gendarme Estavoyer supposait qu'ils se battaient... Nous avons pressé le pas et lorsque nous fûmes arrivés à une dizaine de mètres derrière eux, au lieu de se sauver comme nous le supposions, ils ont fait demi-tour, ont barré la rue et nous ont fait face ayant presque tous le bâton en l'air et le pied gauche en avant.

A la sommation que nous leur fîmes de poser leur bâton, ils se sont précipités sur nous en nous frappant. L'un de ces hommes a frappé le gendarme Estavoyer d'un coup de poing à la figure et lui a lancé sa coiffure à terre.

Nous trouvant à l'endroit où les rangs des perturbateurs étaient les plus serrés, ils se sont jetés à deux sur nous et essayèrent de nous mettre à terre tandis que d'autres nous frappaient à coup de bâtons ainsi que les civils qui tentaient de nous séparer.

Le gendarme Deberque a été obligé de dégainer son sabre et d'en frapper un des hommes qui nous tenaient pour lui faire lâcher prise. Quatre ou cinq personnes seulement parmi les deux cents spectateurs présents nous ont prêté main forte et ont été frappées à coups de gourdins et de nerfs de boeuf plombés.

Dans une mêlée entre le gendarme Deberque et plusieurs cavaliers, deux glaces de la devanture de Monsieur Eragin, sellier, furent cassées. Quand ces lâches agresseurs qui ne reculaient pas pour se mettre vingt contre

La classe 1887

un officier de police judiciaire virent les gendarmes sabre au poing et les en menacer s'ils ne se rendaient pas, ils se sont sauvés dans toutes les directions.

Pendant que les gendarmes les poursuivaient, nous tenions le principal meneur de ces rixes et nous l'aurions maintenu en état d'arrestation si un habitant de Brionne, contre lequel nous dressons procès-verbal, ne nous eut refusé son concours malgré la sommation à lui faite de nous prêter main forte au nom de la loi.

Enfin force est restée aux représentants de la loi: nous avons réussi, avec le concours des deux gendarmes, à en conduire trois à la chambre de sûreté de la caserne de gendarmerie.

Hier à midi, nous nous sommes rendus avec le maréchal des logis de gendarmerie et les gendarmes Deberque et Estavoyer, à l'effet de conduire (sic) au commandant du dépôt de remonte du Bec-Hellouin les trois individus arrêtés la veille.

Le commandant auquel nous avons témoigné le désir d'interroger les hommes pour tâcher de savoir quel était le principal instigateur de ces scènes nous a répondu que son devoir de soldat était de punir ceux que nous lui amenions et ceux que nous lui dirions avoir pris part à la bagarre et non de les faire se dénoncer...

Le commandant a fait sonner la générale et lorsque tous les hommes furent descendus nous en avons reconnu plusieurs, entre autres un nommé Coste qui avait reçu un coup sur l'oeil dans la bagarre et auquel nous avions arraché une tresse à son dolman, et le brigadier Benis, celui qui avait été précédemment mis au violon par les gendarmes.

Quand le commandant et un officier du dépôt les ont interrogés ils ont naturellemnt tous soutenu être partis lorsqu'ils ont vu que la première rixe prenait des proportions... Un des cavaliers que nous avions arrêtés la veille, le nommé Angot, nous avait promis en route, lorsque nous le ramenions à la caserne, de dire au commandant quel était le cavalier armé d'une canne plombée qui avait tout mené.

Mais cet officier supérieur n'a pas jugé à propos d'entendre cet homme, prétextant son manque d'intelligence!

Le commandant a puni disciplinairement tous les hommes que nous lui avons signalés, mais il n'y a rien d'étonnant que les plus coupables restent impunis. Ils nous a déclaré, en outre, qu'il allait consigner la ville de Brionne à tous les cavaliers.

Nous croyons qu'une enquête régulière faite par Monsieur le juge de paix ferait découvrir les principaux auteurs de ces rixes.

La population de Brionne, indignée, pense avec nous que c'est de parti-pris que ces cavaliers sont venus à Brionne armés de bâtons et que la querelle cherchée au bal n'était qu'un prétexte pour faire un mauvais parti à la gendarmerie de Brionne qui avait mis un des leurs au violon quelques jours auparavant et au commissaire de police qui, presque tous les dimanches soir, les empêchait de chanter dans les rues comme ils voulaient le faire et qui les avait menacés, huit jours avant, d'en informer le commandant s'ils recommencaient.

Nous le répétons: nous croyons être certains qu'une enquête faite par Monsieur le juge de paix mettrait à jour toute cette affaire et donnerait satisfaction à la rumeur publique.

Il est utile d'ajouter qu'en se rebellant contre nous et contre les gens que nous avions re-

quis, ils nous lançaient les épithètes les plus grossières telles que "canailles, assassins, voleurs,etc..."» (1-b)

Quatre jours seulement après ces regrettables débordements, nouvel incident! Un sieur Augustin Cornu, 46 ans, fit, devant le même officier de police judiciaire, la déclaration suivante:

« Hier, je revenais d'apposer des affiches dans la commune du Bec-Hellouin pour Maîtres Héribel, notaire, et Coudrey, huissier. En route, deux cavaliers de remonte qui coupaient du bois dans la propriété de Monsieur Lecerf, sont sortis de ce bois et m'ont abordé. Un de ces hommes me dit:"Tu es de Brionne, toi, je ne veux pas voir de Brionnais dans le Bec; il faut que je te rince!" Sur ces paroles de provocation, la peur me prit et j'ai pressé le pas sans répondre. Voyant cela, il m'a dit: "Ah! Tu ne réponds pas, il faut que je te rince!" Il a essayé de se jeter sur moi, mais heureusement je m'étais esquivé à toutes jambes. Je ne me suis arrêté que quand j'ai rencontré Monsieur Ahi auquel j'ai raconté l'aventure.

Madame Vallon, du Bec, qui avait vu cet homme me faire la poursuite et que j'ai revu un instant après, m'a dit qu'un de ces cavaliers qu'elle venait de voir l'avait chargée de me prier de ne rien dire parce qu'ils manquaient à l'appel depuis le matin et qu'ils s'étaient arrangés avec leur brigadier pour qu'il ne les portât pas manquants! " (1-b)

Là encore, une sanction alla de soi...

Peu d'années après, on apprenait encore que

« Quatre cavaliers de remonte accusés de vol de couverts en argent au préjudice d'une débitante de Saint-Philibert-sur-Risle, vont prochainement passer devant le Conseil de

guerre du 3ème corps d'armée siégant à Rouen.» (1-e)

Quant aux rumeurs d'une suppression du dépôt du Bec et malgré plusieurs démentis dans les années 1880, les pouvoirs publics déplorant ces *«échos sans fondements»* (1-e), le couperet tomba le 1er avril 1892: le Bec ne serait plus qu'un dépôt de transition, c'est-à-dire, déplora Camille Fouquet, député de l'Eure, *«un dépôt où les chevaux attendent, étant simplement nourris et médiocrement pansés, l'âge de quatre ans, âge auquel ils sont versés dans les régiments.»* (1-e).

Les 18 hectares de pâtures et les 3 hectares de bâtiments et annexes devenaient une sorte de médiocre garderie et c'en était fini des achats directs aux éleveurs.

Sur ce dernier point, le journal "Le Patriote de Normandie", tout en s'interrogeant sur le bien-fondé de la décision, eu égard aux dépenses d'équipement engagées vingt ans plus tôt, dénonça une aberration administrative supplémentaire: désormais, les chevaux que recevrait le Bec seraient achetés par l'intermédiaire du comité du dépôt de remonte de Paris, ce qui, en créant des frais nouveaux de transactions, allait, en fait d'économies, accroître de 120 à 130 francs le prix de chaque animal!

De «l'annexe de transition» du dépôt de remonte de Caen (1892-1927) à «l'établissement hippique de transition» du Bec (1927-1937)

De la «Belle Epoque» à la «Grande guerre» (1892-1918)

Un douloureux centenaire

Les pouvoirs publics décidaient ainsi le déclassement du dépôt l'année même qui marquait le centenaire de l'expulsion des bénédictins. Nul ne songea, évidemment, à commémorer l'événement! Peut-être même certains purent-ils considérer que cette décision constituait, d'une certaine façon, une étape supplémentaire de la déchéance du Bec...

Protestations, réclamations, pétitions, propositions n'allaient plus cesser jusqu'à la guerre de 1914. C'est un fait avéré que, depuis un siècle, les habitants de la commune et du département, n'avaient cessé de lutter pour conserver dans l'abbaye une présence et une activité notables: moines ou chevaux, peu leur importait, le plaidoyer en faveur de ces derniers apparaissant, somme toute, comme le prolongement logique de la défense des religieux en 1791...

Le député Join-Lambert se révéla un militant infatigable de ce combat; à plusieurs reprises, il proposa même le rétablissement d'un dépôt d'étalons: *«Inutile de démontrer combien un dépôt d'étalons comptant un personnel nombreux, une large dépense, un courant de visiteurs, d'affaires, de juments à placer dans les environs, serait précieux pour la région...»* (1-e)

Cette idée ayant été débattue en séance du Conseil général de l'Eure l'année suivante, son président souleva une objection de poids: *«Le point délicat... est d'amener le ministère de la guerre à abandonner à celui de l'agriculture les bâtiments de l'ancien dépôt de remonte, c'est-à-dire à se diminuer ainsi lui-même.»* ! (1-e)

C'est dans ces circonstances qu'en 1901 un curé et archiviste du diocèse d'Evreux, le chanoine André Porée, membre correspondant de l'Institut de France, publia une monumentale et savante "Histoire de l'Abbaye du Bec"; une phrase aussi lapidaire que lugubre concluait cet érudit ouvrage: *«Le Bec est aujourd'hui "un dépôt de transition"».* (24)

Cette même année, la commune du Bec et le Conseil général s'entendirent pour envoyer une délégation commune à Paris afin d'appuyer auprès des responsables la proposition du député Join-Lambert... L'accueil fut courtois... la fin de non-recevoir ferme!

Toutefois, le changement de dénomination et de statut juridique du Bec ne modifia pas sensiblement le rythme "des travaux et des jours"...

Ainsi, l'ancienne abbaye ne cessait de recevoir la visite de touristes certainement bien ignorants des péripéties et difficultés qui constituaient le quotidien d'un lieu où ils venaient surtout pour passer une bonne journée de détente à la campagne.

«En visitant cette enceinte désolée, le voyageur la trouve encore pleine d'un charme mélancolique... Quant aux habitants du pays,... ces souvenirs les touchent fort peu, de grossiers rapprochements entre les anciens et les nouveaux habitants de l'abbaye sont tout ce qu'ils trouvent à dire sur ce coin de terre...; malgré les nombreuses et maladroites restaurations faites aux bâtiments existants, depuis leur nouvelle destination, leur conservation paraît du moins certaine, et c'est une profonde satisfaction pour l'archéologue et l'historien qui visite aujourd'hui cette enceinte de penser que malgré sa destination , destination sacrilège, elle subsistera pour indiquer aux générations futures que là fut la plus célèbre des abbayes de France.» (9)

Au lendemain d'une excursion et d'un pique-nique fort réussis, un visiteur tint, dans une lettre adressée au journal «Le Brionnais», à faire partager aux lecteurs de celui-ci la satisfaction qu'il avait éprouvée de l'accueil que le commandant de "l'annexe de transition " avait réservé à son groupe ainsi que de l'observation faite de la tenue du domaine et des chevaux:

«A l'heure de la rentrée à l'écurie, cette opération s'est accomplie avec un succès parfait, sans ruades, sans accidents, tout à fait en

LE BEC HELLOUIN (Eure). — Dépôt de Remonte. - Rentrée des Jeunes Chevaux.

bon ordre... En passant près des cuisines, nous avons trouvé que cela sentait rudement bon et... nous nous fussions mis volontiers à l'ordinaire de la troupe... Enfin nous avons dû nous arracher à ce ravissant endroit, en ne plaignant pas trop les savants Bénédictins qui s'étaient condamnés à y passer de longs et heureux jours» (1-e)

Des militaires souvent utiles

Cette bonne impression était, en règle générale, partagée par les habitants du cru. Heureusement, les "bavures" évoquées plus haut étaient largement éclipsées par nombre d'interventions positives des "cavaliers de remonte" dans la vie quotidienne de la commune du Bec.

Ainsi, de temps à autre, la presse locale publiait des remerciements de particuliers victimes d'incendies que les soldats aidaient à combattre aussi courageusement qu'efficacement. A dix ans d'intervalle, Madame Hébert, propriétaire de l'abbatiale, fit part de sa gratitude *«... à M. le capitaine Nusbaumer..., qui a mis à sa disposition tous ses cavaliers de remonte» (1-e),* lors de sinistres ayant gravement menacé les combles de la propriété et des bois situés aux environs de Pont-Authou.

Au cours de cette même décennie, le nom de Madame Hébert apparut aussi, malheureusement, en deux occasions, dans la rubrique des faits divers... La première fois, en juillet 1896, ce ne fut que très indirectement: un de ses employés venait de massacrer toute sa famille... En revanche, l'événement du 24 novembre 1907 faillit bien être fatal à la propriétaire de l'abbatiale et à ses proches: les mets servis au dîner familial avaient été empoisonnés à la strychnine! Seule leur apparence trop évidemment douteuse, confirmée par "le test du chat", fit échouer ce qui apparut très vite comme une tentative d'assassinat délibérée...

Dans ces deux affaires les mobiles ne purent être clairement établis et les enquêtes tournèrent, semble-t-il, vite court puisque la presse cessa brusquement d'en parler... La rumeur publique ne se fit pas faute d'affirmer qu'elles avaient été délibérément étouffées, surtout la seconde... Madame Hébert était une notable!

Cette dame s'était par ailleurs trouvée, durant la même période, dans l'obligation de plaider en justice pour défendre son droit de propriété. En effet, son époux, Adolphe Hébert, ancien avocat réputé, dont la Monarchie de Juillet finissante avait fait un Garde des sceaux, était décédé accidentellement en 1894, à l'âge de 87 ans, en tombant d'une fenêtre du second étage... Il laissait deux testaments, tous deux rédigés en août 1892, à 48 heures d'intervalle, sitôt après le décès de sa fille unique, mariée depuis seulement trois mois au capitaine Tessier.

Le premier document instituait sa veuve comme légataire universel; le second conférait cette qualité à son gendre, sa veuve devenant légataire de l'usufruit. Ces deux testaments furent immédiatement attaqués par « *Mme Veuve Philippe et les consors Souclier, parents au cinquième degré. Ceux-ci prétendirent que M. Hébert, à raison de son état de faiblesse intellectuelle sénile, était hors d'état de faire valablement son testament aux dates indiquées...* » (1-b) L'écriture même des documents fut contestée.

Le travail des chevaux

Il en résulta une procédure judiciaire fort complexe qui dura de 1894 à 1899. Finalement, les plaignants furent déboutés, la Justice confirmant en ses divers degrés de juridiction la validité des actes, autorisant ainsi la transmission en douceur du logis abbatial de la famille Hébert à la famille Tessier.

Parfois, c'est un rôle de supplétifs de la gendarmerie qu'assuraient les militaires. Un triste sire de vingt ans, Pierre Dubos, ayant violé et fort maltraité dans les bois du Bec, une mendiante de soixante-douze ans (!), ne demeura pas impuni: rapidement interpellé et mis en état d'arrestation grâce à la vigilance du garde-champêtre, *«trois soldats du dépôt furent requis pour le conduire, le soir, à la brigade de Brionne»* (1-e)

En une autre occasion, deux soldats reçurent même mission concernant un individu *«coupable de violences et rébellion sur la voie publique»* (1-e)

La sollicitude des cavaliers pouvait se manifester en des circonstances plus paisibles: aider à relever une carriole ayant versé avec son chargement de vingt-huit sacs de blé, ou vider, à l'aide d'une des moto-pompes du dépôt, une cave inondée à hauteur de 1,50 mètre à la suite d'un violent orage.

Il y avait enfin les spectacles qui permettaient aux militaires d'ouvrir la caserne sur l'extérieur:

«Jeudi dernier, à 8 heures du soir, les cavaliers de l'annexe de remonte inauguraient leurs soirées récréatives d'hiver.

Une fête de la classe 1900

Un public nombreux, invité par le très sympathique directeur, M. le vétérinaire en premier Gaulle qui sait allier l'agréable à l'utile, se pressait dans la salle du théâtre parfaitement décorée de trophées de drapeaux et portraits de chevaliers du moyen-âge dûs au talent de quelques artistes décorateurs de l'annexe.

Le programme était des mieux choisis: romances, chansonnettes, duos, saynètes, chants patriotiques, tableaux vivants (la défense du drapeau) et, pour terminer, une comédie militaire.

Tous les artistes chanteurs et acteurs ont rivalisé de zèle, aussi de chaleureux applaudissements leur ont prouvé qu'ils étaient parvenus à charmer l'auditoire.

La fête a pris fin à 11 heures du soir et tout le monde s'est retiré enchanté de la bonne soirée en se promettant bien de revenir le mois prochain.» (1-e)

L'année suivante, le même journal local ne ménagea pas plus ses compliments: *«Toutes nos félicitations et tous nos remerciements au Directeur de l'annexe, M.Gaulle, qui sait si bien encourager les jeunes gens, leur faire aimer la vie militaire et qui ouvre si largement au public la porte de la caserne.»* (1-e).

Quelques jours avant la soirée traditionnelle ainsi louangée, l'instituteur de la commune, Monsieur Vallée, avait eu l'occasion de présenter une conférence illustrée par des projections lumineuses, sur le thème *«la lumière à travers les âges.»* ! (1-e)

Rien n'étant parfait, il arrivait naturellement que de temps à autre, un son de cloche différent rappelle tel ou tel regrettable comportement:

«Le 25 décembre, pendant la messe de minuit, un groupe de jeunes gens, parmi lesquels étaient... plusieurs militaires du dépôt de remonte, s'est rendu à l'église. Ils y prirent place dans un endroit sombre et ont troublé l'ordre de la cérémonie en fumant, en parlant à haute voix, en montant sur les chaises, en lançant des épithètes à Monsieur le Curé. Celui-ci dut intervenir et leur imposer le silence. Monsieur le Curé du Bec-Hellouin a porté plainte» (1-e)

On ne s'étonnera pas d'apprendre que la municipalité conservait intacte sa résolution de ne se laisser entrainer à aucune dépense touchant de près ou de loin l'établissement militaire.

L'armée ayant sollicité une concession dans le cimetière communal où reposait un ancien commandant du dépôt de remonte, il importait que les choses fussent clairement établies: *«Le Conseil municipal, à l'unanimité de six voix contre deux* (sic), *donne gratuitement et à perpétuité le dit terrain demandé par M. le Capitaine commandant le dépôt du Bec à condition que l'on n'ait aucun recours sur la commune pour le faire entretenir ni pour lui demander aucuns frais imprévus relativement à la tombe. »* (1-a)

Cette attitude fort ancienne demeurera systématique jusqu'à la fin, les raisons avancées reprenant celles déjà exposées au siècle précédent... Encore au début des années 30, pour obtenir d'être exonérée de frais de casernement imposés par une loi de 1818, la commune fournira une intéressante synthèse argumentaire:

«L'établissement où les militaires sont casernés appartient à l'Etat. Le dit établissement ne fait vivre en aucune sorte les commerçants du pays, ou d'une façon insignifiante...

Les chevaux... ne sont pas nourris par des produits achetés dans la Commune et ces produits ne paient aucun droit puisqu'il n'existe pas d'octroi...

Au cas où les frais de casernement seraient absolument exigibles, le Conseil préférerait avoir dans cet établissement soit un sanatorium ou autre établissement hospitalier d'Etat qui ne grèverait aucunement notre commune déjà si pauvre.» (1-a)

De nouvelles sources historiques

C'est de cette époque que datent nombre de photographies (25). «*Sous le regard attentif des gradés, les cavaliers du Bec assurent le travail des jeunes chevaux... et prennent la pose devant l'objectif*» (2)

Un fringant cavalier...

... le soldat Ferdinand Nebout (classe 1900)

BEC-HELLOUIN (Eure)
Cour d'honneur de l'Abbaye
Imp. A. Acard, Brionne

1500 — BEC-HELLOUIN (Eure)
Dépôt de Remonte
Cour du Quartier Burcy

«Chaque arrivée de nouveaux conscrits était l'occasion de regards inquisiteurs et moqueurs des soldats. A ceux-ci répondaient les yeux inquiets des arrivants» (26)

Une demi-douzaine de cartes postales anciennes illustrent en effet *cette "arrivée des bleus"*, attraction périodique qui venait rompre la monotonie, sans doute souvent fastidieuse, des jours. La tenue vestimen-

BEC-HELLOUIN (Eure). - Quartier Burcy -
des Bleus
REPUBLIQUE FRANÇAISE
5c
POSTES

BEC-HELLOUIN (Eure) — Dépôt de remonte
L'arrivée des " Bleus "
REPUBLIQUE FRANÇAISE
10c

BEC-HELLOUIN (Eure) — L'Arrivée des Bleus au Quartier Burcy
Brionne, Imp. A. Acard

BEC-HELLOUIN (Eure) — L'Arrivée des "BLEUS"
POSTES
Imprimerie Acard, Brionne

taire de ces hommes permet de supposer leur origine sociale: gilet, veston et chapeau mou du (petit) bourgeois, blouse et béret du paysan, casquette de l'ouvrier.

Certaines activités plus inattendues ont également été photographiées; on a ainsi une vue d'une séance d'exercice: *«Etonnante discipline militaire, la gymnastique Suédoise était destinée à assouplir les cavaliers»* (26)

Une autre scène montre les soldats, certain hiver, s'activant pour déblayer la neige qui a abondamment recouvert la cour aujourd'hui dite de Brionne.

Les cartes postales anciennes permettent également de se faire une idée des états d'âme de tel visiteur ou soldat:

Du 28 février 1903: «*Anciennement Abbaye du Bec Hellouin. A gauche, bâtiment servant d'infirmerie pour les chevaux malades* [la vue étant celle de l'actuelle cour dite de Brionne, il ne s'agit pas du bâtiment évoqué à la note 19]. *A droite, les grandes écuries. Très curieux à visiter, soit comme architecture, ornements fouillés disparaissant sous les badigeonnages. Rampes d'escaliers, balcons forgés de main de maître. Quel contraste! Au lieu des chants liturgiques des moines, y entendre les hennissements des chevaux. Pour votre collection.*»

Du 21 février 1908: «*Cher camarade, je t'envoye cette carte pour te désennuyer un peut car tu doit ennuyer beaucoup de ne pouvoir sortir en ville et tu ne pourra pas aller en permission au mardi-gras. moi je n'y vais pas non plus mais aussi j'en demanderai une pour aller à la foire le 7 mars à Nogent-le-Rotrou pour revoir les copains. je t'envoye le portrait de mes chefs le directeur et les deux maréchals des logis. Encore 589 jours et la fuite vivement je te serre la main. Lucien Dordoisne.*» (27)

La veille du conflit

« *Des suppléments d'achat sont immédiatement nécessaires à l'application de la loi [de 1913] portant de 2 à 3 ans la durée du service militaire. Même en ne prenant que sa petite part dans l'ensemble, le dépôt du Bec est en mouvement perpétuel.*» (2)

Le fort accroissement des acquisitions de chevaux, tout en provoquant une

hausse sensible des prix, relança, une fois encore, la question du rétablissement d'un dépôt au Bec, ce dont la presse locale se fit l'écho, tandis qu'y étaient longuement et minutieusement exposées les qualités exigées des chevaux en fonction de leur destination (selle ou artillerie):

«l'annexe du Bec-Hellouin est tout indiquée par sa situation privilégiée à proximité de garnisons de cavalerie et d'artillerie (Evreux, Rouen, Le Havre, Compiêgne, Noyon, Amiens, La Fère) autant que par son aménagement actuel.» (1-e)

C'est juste à la veille de la "Grande Guerre" que les responsables militaires semblèrent commencer à prendre ombrage du passage des touristes; le nombre de ceux-ci commençait-il à augmenter trop sensiblement, résultat des efforts incessants et acharnés des mainteneurs de la mémoire historique et culturelle de l'abbaye, au travers des vicissitudes?; les militaires s'agacèrent-ils de voir des "pékins" déambuler dans une propriété où ils faisaient tache, distrayant peut être les "bidasses" de leur service?

Toujours est-il que le 2 février 1913, le Chef d'Escadrons Balaÿ, commandant le dépôt de Remonte de Caen, écrivit au Préfet de l'Eure qui fit suivre jusqu'au Ministre de l'Instruction publique et des Beaux-Arts:

«J'ai l'honneur de vous prier de vouloir bien me faire connaître si quelque partie de l'Annexe de Remonte de Bec-Hellouin, située sur votre territoire, et placée sous mon commandement, est classée comme monument historique; et, dans le cas de l'affirmative, à quelle servitude est astreinte l'autorité militaire en

ce qui concerne la visite qui peut en être faite par le public.» (1-c)

La réponse, prête dès le 29 décembre prit, en sens inverse, la même voie hiérarchique:

«... il y a lieu de considérer comme classées parmi les Monuments historiques les parties suivantes de l'édifice:

1°- La porte d'entrée avec les tourelles (qui paraît d'ailleurs être une propriété particulière) [précisé, en effet, dans une note de service du Génie du 17 juillet 1909] (28)

2°- La tour dite de l'abbaye

3°- Les deux murs décorés d'arcatures ayant fait partie de l'ancienne église abbatiale.

49 BEC-HELLOUIN. — Ancienne Abbaye. Pan de Mur de l'Ancienne Eglise. — ND

Le classement n'entraîne d'autre servitude pour les affectataires que l'obligation de n'apporter aucune modification aux parties classées. L'administration affectataire est d'autre part libre d'adopter telles règles qu'elle jugera convenables pour la visite du public. J'estime toutefois qu'il y aurait intérêt à ce que l'accès des bâtiments fût permis, tout au moins à certaines heures, aux archéologues et aux touristes.» (1-c)

Et on en resta là... la question passant pour plusieurs années au second plan pour des raisons inutiles à rappeler ici!

Le Bec est "à l'arrière"

«Lorsqu'éclate la guerre de 1914... le petit personnel du Bec-Hellouin va payer son tribut. C'est bien plus tard que sera découverte, cachée dans une excavation du mur du cloître, côté de l'église abbatiale, une plaque portant quelques noms «morts pour la Patrie». De la mobilisation jusqu'en 1917 l'armée française achète 940 000 chevaux en France et plus de 473 000 en Amérique. En 1918, le pays doit fournir sur ses seules ressources... 235600 chevaux. C'est dire quelle animation connaissent les écuries et les cours du Bec.» (2)

Pourtant, oserait-on dire, le "train-trainquotidien" se poursuivait, avec des soucis et préoccupations qui peuvent sembler bien dérisoires compte-tenu de l'ampleur du drame que vivaient la France et l'Europe: en témoignent ces trois cartes postales écrites pendant la bataille de Verdun ou au lendemain de l'offensive du Chemin des Dames.

"Levieux Albert, classe 1911" - "4 août 1914"
"La France en état de siège" - "Vive Rouen"
Graffiti sur un des murs de l'abbaye

Du 25 mars 1916: «*Cher Frère - Depuis mon départ de Nantes, j'étais à Elbeuf s. aubin comme tu le sais, mais je n'avais pas le filon loin s'en faut, j'ai tombé sur une bande de jaloux qui croyaient que j'étais trop bien avec un adjudant qui ne valait pas cher, car c'était un ourse et le bras droit de l'intendant alors je n'étais pas des mieux, et par dessus le marché 1 individu n'a-t-il pas laissé une porte de magasin ouverte et une ronde d'officier étant passé la nuit, j'ai trinqué pour le type de 8 jours de prison* (29) *ou arrêt de rigueur puisque pour nous la rigueur c'est de la prison. Le pis c'est que ça me prive de permission et avec cela malade et j'ai encore un point de coté, je ne sait ce que cela veut dire. Après cet escarmouche, on a demandé un sergent connaissant les fourrages et pailles avoine pouvant à l'occasion acheter et le capitaine après excuse d'avoir été obligé de me punir surtout que l'intendant est très dur et lui-même se mettre a couvers...*»

Du 21 mai 1916: « *Cher parents, je vous faits encore cette petite carte pour vous donner un peut de mais nouvelles. Je voudirait que mon métier va toujours apeut près aujourd'hui après la soupe nous avons étez promener à Brionne et à pont-Thou-Thou et dimanche nous irons à la pêche à Serquigny car le dimanche on n'est libre depuis 9 du matin jus'quau minuit si long veut car ce n'est plus sévère comme à Caen car ils y a beaucoup moins de chef mais il faut faire son boulot quand même, nous sommes 3 bon homme pour 40 chevaux. Je pense partir cette embarquer pour Rouen, enfin je ne voit plus grand chose à vous dire, vous demanderé l'adresse de Gatien à sa femme.*»

Du 17 juin 1917: «*Cher parents faite fautre possible pour mens voiyé un certificats signé du maire comme quoi je suis ouvriers agricoles le plûtôt possible car nous avons droit a une permission de vingt cinq jours d'abord vous laurrévu sur les journaux je compte dessus le plutôt que vous pourrez me l'envoiyer. Votre fils qui vous embrasse Tous. Si vous pouvez me l'envoiyer cette semaine je serait content car tout le monde se plein pour la culture ils ne reste plus personne.»*

Plusieurs similitudes dans la graphie et... "l'orthographe" permettent de penser que les deux dernières cartes sont du même auteur. On peut noter avec intérêt qu'il fait de sa vie au Bec une description qui contraste nettement avec "l'enfer de Verdun" ou "l'année terrible".

Des problèmes récurrents...

«Dès 1919-1920, plusieurs unités de cavalerie sont dissoutes, sans pour autant que nos besoins en chevaux de selle soient toujours satisfaits... Penchons-nous... sur le personnel assurant le travail quotidien. Les cavaliers de remonte ont abandonné leurs pantalons rouges usés et non remplacés. Ils se sont banalement habillés, en tenue de sortie, de bleu horizon, puis bientôt kaki. Dans la journée on les voit revêtus des traditionnels bourgerons de toile blanche...» (2)

Passée la "grande boucherie", l'Administration militaire ayant visiblement choisi l'application la plus restrictive possible des consignes de l'immédiate avant-guerre, la question des visites fut relancée, de façon bien peu administrative, par une lettre adressée le 16 août 1922 par un certain Jules-Louis Pommat à la Direction des Beaux-Arts:

«Etant nommé récemment casernier à la Chefferie du Génie de Rouen et résidant au Dépôt de Remonte du Bec-Hellouin dans l'ancienne Abbaye, je viens solliciter de votre haute bienveillance la faculté de monter la tour Saint Nicolas tous les jours en me spécifiant vos heures.(sic)

Le Directeur de l'annexe du dépôt m'a permis de la faire visiter les dimanches et jours fériés seulement de 2 heures à 4 heures ce qui n'est pas suffisant vu qu'il y a journellement des touristes qui viennent de très loin pour voir ce monument historique, et devant mon refus, menacent de faire une réclamation au Ministre des Beaux-Arts.

Je vous serais donc très reconnaissant, M le Directeur, vu votre grande autorité de vouloir bien me donner satisfaction.»

Et le signataire, prenant au pied de la lettre le cri de Clémenceau, évoquant les anciens combattants (*"ils ont des droits sur nous"*), avait grand soin de préciser, sous son nom, ses qualités: *«Blessé de guerre (Trépané), Médaille militaire et Croix de guerre.»* (1-c)

Las! Dès le 21 août une réponse fort administrative, elle, lui était envoyée:

«J'ai l'honneur de vous faire connaître que la tour de l'ancienne abbaye de Bec Hellouin étant affectée à l'administration militaire, il ne m'est pas possible d'intervenir dans la question de la visite de ce monument...»

Le 12 août 1923, le maire du Bec intervenait à son tour:

«J'ai l'honneur de porter à votre connaissance que la tour de l'Abbaye du Bec-Hellouin...ne peut pas toujours être visitée par les touristes qui se rendent en ce lieu, ce qui est une cause de diminution de visites et de commerce dans ma commune...

Est-ce que le Vétérinaire-commandant l'annexe peut refuser l'accès à la tour?

Doit-on imposer des heures de visite qui presque toujours ne concordent pas avec l'arrivée des touristes?

A mon avis, il serait, je crois, préférable que la visite soit en tous temps autorisée du matin ausoir.» (1-c)

Admirable candeur d'un édile dont le bon sens rural ne doutait vraiment de rien! En application de l'instruction griffonnée au crayon, en bas de sa lettre, par un fonctionnaire anonyme autant que serein, la réponse qui lui fut expédiée le 24 août était, rigoureusement mot à mot, identique à celle adressée un an auparavant, presque jour pour jour, au sieur Pommat!

Le 8 octobre 1923, un visiteur de marque avait honoré les lieux de sa présence: Monseigneur Chauvin , évêque d'Evreux, dont le guide éminent n'était autre que le chanoine Porée.

En février 1925, les achats de chevaux reprirent.

«Un décret dispose qu'à partir du 1 °janvier 1927 «le ministre de l'Agriculture sera seul chargé de faire procéder sur toute la surface du territoire métropolitain, par l'adminis-

Finalement, les choses finiront par s'arranger. En 1925, le Vétérinaire-major Bavard autorisera la visite non seulement les dimanches et fêtes, mais encore «*tous les jours sur demande verbale des touristes. Cette demande présentée par les intéressés à l'entrée de l'établissement sera appuyée par la carte de visite ou la carte d'identité du postulant.*» (1-c)

tration des Haras, aux achats de chevaux et mulets nécessaires à l'armée»... Le comité d'achats de Saint-Lô a remplacé le dépôt de Caen... La succursale du Bec devient, sur place, [un «Etablissement Hippique de Transition»], *terme qui définit bien l'état provisoire de l'affectation... Les compagnies de remonte dissoutes, des «convoyeurs et soigneurs» indigènes sont détachés et administrés par l'es-*

cadron régional du train. L'établissement passe sous le commandement du vétérinaire militaire secondé par un adjoint... Une nouvelle tendance se fait jour et s'accentue: la motorisation... Au dépôt de transition du Bec les jeunes chevaux subissent une acclimatation plutôt qu'un début de dressage... les sous-officiers ne peuvent s'empêcher de témoigner quelque préférence à un poulain mieux doué et même de l'essayer "sur les barres".» (2)

En mai 1928, le directeur général des Beaux-Arts pouvait prendre connaissance d'un rapport (non signé):

«L'ancienne abbaye du Bec-Hellouin est actuellement occupée par un dépôt de remonte de l'Etat. Il avait été question de supprimer ce dépôt, mais il semble que ce projet a été abandonné ou tout au moins ajourné. Ce serait cependant la solution qui permettrait de remettre en meilleur état les bâtiments qui souffrent depuis longtemps de l'occupation militaire. Il serait à souhaiter qu'un particulier se rende acquéreur du domaine et supprime tous les aménagements qui ont été faits par le génie militaire. Il y aurait malheureusement de très grosses sommes à dépenser, ne serait-ce que pour faire les travaux de protection les plus urgents.

La grande tour du XV° siècle est seule classée, le reste vient d'être inscrit sur l'inventaire supplémentaire...

Tout ce bel ensemble doit, à notre avis, être conservé et nous en proposons le classement parmi les monuments historiques...

Pour conserver à l'ensemble tout son caractère il serait utile de comprendre dans le classement le parc afin de protéger les beaux arbres qui accompagnent si bien les bâtiments.» (1-c)

La proposition était aussi généreuse que prématurée: le classement global du domaine n'interviendra que le 31 janvier 1948, vingt ans et de nombreux désastres plus tard...

Le 24 mai 1929, une lettre écrite à ses supérieurs par le Vétérinaire-Capitaine Lacassagne, Directeur de l'Etablissement Hippique de Transition de Bec-Hellouin, faisait une fois de plus rebondir un double problème:

«J'ai l'honneur d'attirer votre attention sur le mauvais état de la toiture de la tour de Bec-Hellouin, mauvais état qui pourrait avoir des conséquences graves si les madriers de soutien déjà très pourris venaient à céder.

La belle saison amenant de nombreux visiteurs, j'ai tenu à vous signaler cet état de choses, car la tour étant classée, je n'ai pas qualité pour en interdire l'accès.

Il serait peut-être bon de faire examiner cette toiture par quelqu'un de compétent qui pourrait agir auprès du Ministère des Beaux-Arts soit pour en faire faire la réfection soit pour en interdire momentanément la visite.»(1-c)

Pour une fois, l'Administration du Génie et celle des Beaux-Arts tombèrent rapidement d'accord, le péril confirmé de part et d'autre:

«...J'ai fait aussitôt étudier cette question par un Officier du Génie lequel m'a confirmé les conclusions du Capitaine Lacassagne.

En conséquence j'ai l'honneur de vous demander de bien vouloir donner d'urgence des instructions à cet Officier pour que la visite de la Tour soit désormais interdite» (lettre du Chef de Bataillon Letheux, 27 mai 1929).

«J'ai déjà remis au bureau des Monuments Historiques des devis le 24 juillet 1926

et le 16 août 1927. L'interdiction de visiter la tour avait déjà été proposée» (lettre de l'Architecte en Chef des Monuments historiques Genuys, 31 mai 1929).

C'est sur ce dernier document qu'on a écrit, au crayon, dans la marge: *«Faire tout de suite interdire visite.»* La décision ne réglait pas la question du patrimoine, elle écartait pour deux ans et demi les visiteurs...

Un passé illustre resurgit

«En 1930, les chapitres anglais de Cantorbéry et de Rochester posèrent au Bec Hellouin une pierre qui consacre la réputation, comme le souvenir, d'une institution qui fut en son temps «l'Ecole la plus renommée de la chrétienté» ainsi que l'écrivait le président Herriot dans "La Porte Océane":

«Il n'est point, je pense, de lieux plus abandonnés que le Bec d'aujourd'hui; toujours judicieuse, notre administration militaire y a installé un dépôt d'étalons... Sous l'actuelle administration de l'armée, le lieu est devenu sordide; dégagé de ses parasites... [un tel site, aujourd'hui pitoyable] envelopperait d'un ample bien-être même le passant»

«En 1930, député de l'Eure et conseiller général de Brionne, c'est [André Join-Lambert] qui accueillait les pèlerins anglicans venus au Bec, ceux dont la plaque posée au pied de la tour Saint-Nicolas conserve le témoignage. ...; il fut l'un de ceux qui provoquèrent la fondation de l'association «Les Amis du Bec-Hellouin» [qui] *avait pour objet tout à la fois de conserver les vieux bâtiments de l'Abbaye, d'y créer un musée, d'encourager toutes études relatives à l'histoire du Bec et d'organiser des «manifestations dans le but de maintenir et de développer entre les nations qui ont le plus contribué à la grandeur du Bec, la compréhension réciproque et la collaboration qui furent les causes de cette grandeur.»* (32)

Dans la conclusion du discours qu'il prononça en cette occasion, Monsieur Firmin, maire du Bec, s'inscrivait nettement dans cette perspective:

«Si un jour, prochain peut-être, les progrès de la science militaire ou, ce qui serait mieux, la sécurité nationale définitivement assurée par l'accord entre les nations pacifiées faisaient disparaître les chevaux qui peuplent l'abbaye, espérons que ces nobles bâtiments, ce site recueilli, recevront une destination qui leur permettra de retrouver sous la forme convenant à notre moderne société, la merveilleuse vie spirituelle dont les animèrent autrefois Lanfranc et Saint Anselme.» (1-e)

«Edouard Herriot, que la politique n'empêchait pas d'être un lettré et un esprit généreux et sur l'intervention duquel l'abbé Porée avait été décoré, fut l'un des premiers cotisants... L'opinion publique commençait à comprendre ce qu'avait de scandaleux l'état croissant d'abandon de l'abbaye...»(32)

«... le dépôt de remonte devient inutile du fait de la réduction accélérée de l'arme de la cavalerie et que s'envisage une nouvelle affectation pour les bâtiments du Bec.»

Les services des Beaux-Arts sont alertés... les Conseillers Généraux du voisinage... font des démarches en vue d'une affectation culturelle...» (33)

Après bien d'autres, le journal "L'Illustration" se fit l'écho de cette juste indignation:

«Nous avions traversé pour aller au monastère un des cantons les plus pittoresques de ce pays, tout un coin de forêt normande aux hêtres pourpres rougis par l'automne et découvert à l'orée d'un vallon à la Florian, au confluent de deux rivières, une tour carrée jaillie des arbres, au-dessus de bâtiments allongés aux fenêtres arrondies et aux toits en pente douce...

Visitons ce qui subsiste: les bâtiments édifiés aux dix-septième et dix-huitième siècles par la congrégation de Saint-Maur.

Nous sommes accueillis par un capitaine disert, courtois, aimable, qui dirige le dépôt. Avec lui, nous faisons le tour du propriétaire. Dans les couloirs, les escaliers, les salles, une double bande, alternativement noire et blanche, imprègne les murs jusqu'à la hauteur de 2 mètres. Les nervures, les oves, les délicates sculptures du dix-septième siècle, englués par cette couche blanchâtre, se voilent, s'empâtent, disparaissent presque.

Par contre, les chevaux ont tout envahi. Nous les trouvons dans le cloître, avec leurs crèches, leurs bat-flancs, leur paille, leur fumier, leur purin, qui coule dans des rigoles bien faites que les hommes nettoient avec des balais de bouleau. Nous en découvrons dans le grand réfectoire voûté, long de 74 mètres, large de 9. Et en voici encore dans le délicieux bâtiment de l'orangerie, aménagé en écurie, avec des anneaux scellés dans la muraille, extérieurement, pour le pansage des bêtes.

On pourrait multiplier ces images de désolation. A quoi bon! Une seule question se pose: que fait au Bec-Hellouin cette cavalerie piaffante et hennissante? Volontiers on imaginerait dans ces lieux un musée de l'art monacal ou, au pis aller, une maison de retraite. Mais des cavales! Mais des étalons! Caligula voulut faire de son cheval un consul. La République veut-elle faire des siens des théologiens et des philosophes?» (34)

«Dans le même temps s'est constituée, dès 1932, une Société des Amis du Bec qui publie... un précis historique sur l'Abbaye, destiné aux visiteurs se pressant de plus en plus sur le site du Bec.» (33)

En effet, la visite de la tour venait d'être de nouveau autorisée depuis la fin du mois de décembre 1931. Cependant, dès le 28 octobre 1930, Marcel Delaunay, Président de la Société des Amis des Monuments et Sites de l'Eure, précisait à la mairie que pour ce qui était du Domaine, *«l'accès à cet édifice n'est jamais refusé. Seul celui aux écuries est interdit à cause des accidents susceptibles de survenir avec les chevaux qui s'y trouvent»* (1-c)

La Société, fondée sous la présidence d'honneur du chanoine Porée, avait pour président le poète Jacques Noir (A.

Geoffrit). Il est tout à fait intéressant de noter que le capitaine Lacassagne, vétérinaire-major, faisait partie de ses membres fondateurs et siégea au Conseil en qualité de «conservateur» du monument: quel signe cela constituait de l'intérêt considérable qu'éprouvèrent pour le Bec, dans leur administration, les deux derniers officiers qui eurent à commander l'«Etablissement Hippique de Transition»!

Par ailleurs, cette même année, trois panneaux signalisateurs de l'«ancienne abbaye» furent offerts à la commune par l'Automobile Club de l'Ouest.

«Des fouilles pour le dégagement des soubassements du choeur de l'église abbatiale sont entreprises...» (33)

Les responsables s'étaient en effet alarmés de ce que plusieurs chevaux , en paissant à cet emplacement, dont plus aucune trace ne subsistait alors, s'étaient brisé pieds ou jambes: il avait, naturellement, fallu les abattre...

C'est sans doute à l'occasion de ces fouilles qu'un sieur Marais, résidant à St Eloi de Fourques, communiqua, le 29 avril 1934, à Marcel Delaunay, la nouvelle d'une bien palpitante découverte:

«J'ai le plaisir de vous informer qu'à la suite de la prospection sur les souterrains de l'Abbaye du Bec-Hellouin, mon fils Eugène, radiotelluriste, a pu déceler l'emplacement d'une crypte renfermant 14 cercueils. Cette crypte est située vers le choeur de l'ancienne église disparue.

D'autre part, il a constaté la présence d'une croix en or aux dimensions de 0m80 de long sur 0m50 de bras dans un coin de la tour classée [un croquis accompagnant ce courrier indique l'angle formé par les faces nord et est de l'édifice].

Les profondeurs de la crypte seraient de 8m en clef de voûte et de 10m au sol. Le Christ serait aux environs immédiats de 2 mètres? La présence du Christ est donnée sous toutes réserves» (1-c)

Ni Marcel Delaunay ni Paul Genuys, l'architecte en chef des Monuments historiques, alerté, n'ont paru douter que l'affaire tout entière méritait qu'on l'examinât *«sous toutes réserves»!*

Le premier, dans un courrier laconique du 1er mai, se dédouanait sans ambages: *«Je n'ajoute bien entendu aucun commentaire, me bornant à vous transmettre un document qui m'a été adressé»*

Son distingué correspondant inspira sereinement la réponse, en date du 24 mai 1934, d'une direction des Beaux-Arts décidément peu accessible au merveilleux:

«J'ai l'honneur de vous prier d'informer les intéressés qu'au cas où des fouilles seraient tentées, elles devraient obligatoirement avoir lieu en présence de M. Gossart, architecte des Monuments Historiques»!

Et nul n'en saura d'avantage...

C'est à la même époque que l'adjudant Legendre prit l'initiative, pour en éviter tout saccage éventuel, de faire murer dans le cloître, un portail du XIVème siècle qui avait permis le passage dans le transept de l'église médiévale. Un magnifique tympan sculpté et ornementé se trouva ainsi dérobé aux regards et préservé. On l'oublia même, du fait des événements qui devaient suivre. Sa redécouverte en 1955, et sa restauration permettent aujourd'hui encore de l'admirer.

Au cours de divers travaux d'accompagnement, de nombreux squelettes de moines furent mis à jour. Le premier, en parfait état de conservation (sa chevelure frappa les témoins), fut enveloppé dans un drap fourni par madame Legendre, déposé avec respect... dans une grande boîte de macaronis, puis inhumé dans le cimetière communal en présence du maire. Rapidement, cependant, il fallut, sur ordre, interrompre ces fouilles, les découvertes se révélant aussi abondantes qu'impossible à gérer, compte-tenu des circonstances.

Un échange de lettres, en mai 1935, entre les ministres de la Guerre et de l'Education nationale, démontre qu'il leur arrivait d'être en mesure de collaborer efficacement sur un projet sérieux (1-c):

Du premier au second: *«Je suis saisi par l'"Argus Films Productions", 44, avenue des Champs-Elysées à Paris, d'une demande en vue d'obtenir l'autorisation de prendre des vues cinématographiques de l'Abbaye du Bec-Hellouin (Eure) où est installé un établissements hippique de transition.*

Ces vues seraient destinées à être insérées dans un film sur la Normandie qui aurait été commandé par la Compagnies des Chemins de fer de l'Etat, d'accord avec le Commissariat Général de l'Exposition de 1937. Il ferait partie d'une série de films destinés à faire mieux connaître au public, soit en France, soit à l'Etranger, les richesses de nos provinces.

L'Abbaye du Bec-Hellouin étant classée monument historique, j'ai l'honneur de vous prier de vouloir bien me faire connaître votre avis sur la suite qu'il convient de donner à la demande de l'«Argus Films Productions»...

La réponse fut on ne peut plus positive et encourageante: *«J'ai l'honneur de vous faire savoir que le film projeté par cette société l'a été d'accord non seulement avec le réseau de l'Etat mais avec l'Administration des Beaux-Arts . Ce sera, en effet, un film de propagande en faveur des Monuments Historiques».*

Toutefois, si cet épisode avait pu laisser penser à d'aucuns qu'on s'acheminait vers une possibilité d'un règlement amiable, entre les deux Administrations, du sort de l'abbaye, conforme aux voeux des «Amis du Bec» désormais constitués, l'année 1936 apporta une désillusion supplémentaire.

C'est un rapport d'un conseiller général du canton de Brionne, Monsieur de Boury, à la Société des Amis des Monuments et Sites de l'Eure, qui soulevait à nouveau la lancinante préoccupation:

«Le syndicat d'Initiative d'Evreux demande au Conseil général son patronage pour obtenir la désaffection du dépôt transitoire de chevaux installé dans l'Abbaye du Bec - Hellouin et sa transformation en un centre de coopération intellectuelle franco-anglais et de repos dépendant de la Cité universitaire...

Les Anglais, passionnément attachés à ces souvenirs, les Italiens fiers de Lanfranc et de Saint Anselme, viennent nombreux au Bec-Hellouin, ainsi que d'autres touristes; la vue du dépôt de remonte et des soldats indigènes installés dans ces ruines fameuses, est d'un effet déplorable sur eux...

Je me hâte de dire qu'il serait indispensable de trouver une destination précise à l'abbaye et un animateur sérieux pour son utilisation avant de demander au Ministère de la Guerre la désaffection du dépôt de chevaux actuel car, pour la conservation des admirables bâtiments conventuels, rien ne serait pire qu'une période, même courte, d'inutilisation.

J'ajoute que l'administration militaire, devant la motorisation de l'armée et le nombre moindre de chevaux qui en résulte [cet argument est désormais d'usage quasi systématique], *ne devrait faire aucune difficulté au transfert du dépôt de chevaux du Bec dans un autre établissement similaire...*

Il est certain que l'existence de cellules monacales se prêterait à la création de chambres; le site est charmant, l'eau abondante, la proximité de Rouen..., de la mer et de Paris, attirerait les touristes...

Je vous demande de nous permettre, avec le concours bienveillant de M Herriot, de faire revivre le Bec-Hellouin... afin d'obtenir [qu'il] *revienne à sa destinée bientôt millénaire de centre de culture et de rayonnement intellectuel».* (1-c)

A nouveau se prend-on à penser qu'un homme de bonne volonté est en train de prendre ses désirs pour des réalités, très éloigné des pesanteurs des Administrations, notamment la militaire... Malgré le patronage évoqué d'Edouard Herriot, maire de Lyon, député du Rhône et, depuis peu, président de la Chambre des députés (dite de Front Populaire, depuis les élections du printemps 1936), malgré également deux courriers adressés, en octobre, à l'Administration des Beaux-Arts, pour appuyer chaleureusement ce projet, par Pierre Mendès-France, maire de Louviers, député de l'Eure (35), la tentative va faire long feu...

C'est d'abord la réponse frileuse, en deux lettres, des Beaux-Arts à Pierre Mendès-France:

«J'ai l'honneur de vous faire connaître que les bâtiments de l'ancienne abbaye étant affectés au Département de la Guerre, l'Administration des Beaux-Arts ne peut que formuler des voeux pour que le dépôt de remonte qui y est installé soit transféré dans d'autres locaux» (lettre du 19 octobre 1936, 1-c)

«Je vous signale d'ailleurs que l'Administration des Beaux-Arts n'a pas qualité pour se prononcer sur une question d'affectation car si les restes de l'abbaye sont protégés, partie par classement, partie par l'inscription à l'Inventaire supplémentaire des Monuments Historiques, il n'en sont pas moins affectés au Département de la Guerre.

Je ne manquerai pas cependant d'intervenir auprès du service intéressé» (lettre du 31 octobre 1936, 1-c)

De fait, ce même 31 octobre, un courrier en ce sens était courageusement expédié au Ministre de la Guerre:

«Je me permets, à cette occasion, de vous signaler combien il me paraît souhaitable que le dépôt de remonte installé à l'abbaye, soit transféré dans d'autres locaux et que ces bâtiments anciens reçoivent une affectation qui convienne mieux à leur passé». (1-c)

Le 9 décembre, la réponse de l'intéressé à son collègue de l'Education Natio-

nale, en charge des Beaux-Arts, sonnait le glas, et avec quelle présence d'esprit!, de quelques belles illusions:

«En réponse à votre lettre..., j'ai l'honneur de vous faire connaître qu'il ne m'est pas possible d'envisager le transfèrement de l'Etablissement hippique de transition qui occupe cet établissement.

Je crois devoir ajouter que si ce transfèrement pouvait être réalisé, les frais en résultant ne devraient pas, à mon avis, être supportés par le Budget de la Guerre». (1-c)

La vie quotidienne dans les années 30

L'intérêt considérable des années trente, pour l'historien comme pour le lecteur de ce récit, est que la vie quotidienne des soldats, avec son lot d'anecdotes savoureuses, nous est plus directement accessible grâce aux souvenirs de quelques témoins oculaires qui complètent voire remplacent avantageusement les sources traditionnelles dont notre histoire était jusque là tributaire.

L'extraordinaire mémoire de quelques-uns d'entre eux va nous permettre, moyennant quelques aménagements quant à la forme des récits, d'entrer un peu plus dans l'intimité de la caserne en ces années d'une proche nouvelle avant-guerre.

«Les bâtiments de l'ex-abbaye... constituaient le quartier Burcy... Les soldats, au nombre d'une soixantaine environ, qui y accomplissaient leur service militaire, étaient des Nords-Africains... Ils étaient encadrés par des hommes d'origine métropolitaine...

Cette caserne comportant des Nords-Africains dans un site de campagne au milieu de bâtiments qu'on savait historiques, près d'une haute tour massive et pourtant élégante, ce n'était pas banal.» (30)

La substitution d'un personnel d'origine essentiellement algérienne aux militaires français s'était effectuée un peu avant la guerre de 1914-1918. Elle avait incontestablement modifié l'ambiance... Au cours d'un service militaire de deux ans, l'essentiel de la tâche de ces hommes consistait, après les avoir soignés, à assurer, dans les prairies, le service de garde d'environ quatre-cents chevaux âgés de 3 à 4 ans.

«Le plus souvent, les soldats étaient habillés de leur treillis militaire lorsqu'ils avaient besoin de toute leur liberté de mouvement pour travailler au dressage des chevaux qui leur étaient confiés.

Cependant, dans les grandes occasions, certains arboraient parfois leur bel uniforme de spahi, enveloppés dans leur large burnous. La chéchia, ils la portaient assez constamment...

Bien entendu, à la porte d'entrée du quartier Burcy, adossé extérieurement au mur du «corps de garde» [l'actuelle porterie], *un planton avec chéchia se tenait dans la guérite...*

La seule arrivée des chevaux était un événement. Ils étaient amenés par le train. La gare du Bec était très animée à l'époque: se succédaient jusqu'à sept trains par jour! En plus des trains de voyageurs, la vie de la caserne nécessitait des trains supplémentaires de marchandises et, régulièrement, un transport de chevaux. Lorsqu'il y avait un arrivage de chevaux, les soldats jalonnaient la route de la gare, faisant la haie pour canaliser l'entrée impétueuse de ces chevaux à moitié sauvages, dans la caserne. Ils avaient bien du mal pour acheminer et guider ces chevaux non dressés vers

LE BEC HELLOUIN — DÉPÔT DE REMONTE.
Imp. A. Acard, Brionne.

les pâturages à l'intérieur de la caserne, et plus encore pour les conduire aux écuries qui occupaient tout le rez-de-chaussée des bâtiments, y compris l'ancien réfectoire et le cloître des moines. Nous avons vu jusqu'à plusieurs centaines de chevaux lâchés dans les pâturages.

Lorsqu'ils étaient repris pour le dressage, des hommes placés tous les cinquante mètres sur le pourtour du parcours les éprouvaient à courir et, profitant de leur éreintement, s'efforçaient, après les avoir amenés dans l'emplacement nommé «manège», de les brider, de «toiletter» leur crinière, de les ferrer puis de les monter. Les Nord-Africains procédaient à cette activité de dressage qui durait trois mois...

Lorsque les chevaux dressés semblaient suffisamment assagis ils repartaient par le train, cette fois paisiblement conduits par la bride, de la caserne à la gare...

Les villageois entraient rarement dans la caserne. Je me souviens cependant de quelques occasions exceptionnelles. Le passage d'un cinéaste ambulant reste une des grandes joies de mon enfance. Il projetait alors ses films muets dans une grande salle à l'intérieur de la caserne. Toute la population était invitée à partager avec la troupe la joie des "charlots" ou l'émotion des grandes fresques historiques - en carton pâte - comme "Beelphégor". Plus tard, dans ma jeunesse, je me rappelle avoir participé à l'un ou l'autre bal populaire, à l'intérieur de la caserne, dans la liesse générale.» (30)

C'est le 28 mars 1936, à 20h30, qu'eut lieu *«la première grande séance de cinéma sonore et parlant avec les artistes les plus populaires: «Une nuit de folies» interprété par Fernandel, André Roanne, Dolly Davis, etc...»*(1-e)

«En fait les plus fréquents contacts s'établissaient plutôt avec les commerçants, car l'approvisionnement de la caserne se faisait pour l'essentiel, au village. Les courses au village devenaient parfois l'amorce d'une relation avec les habitants. Je me souviens des sorties matinales du soldat qui passait chez le boulanger et ramenait à la caserne une brouette bourrée de pains. Un autre transportait, de chez le boucher, des gros quartiers de viande. Nous avions, deux fois par jour, l'occasion de rencontrer le vaguemestre de la caserne: matin et après-midi il venait remettre et prendre à la poste le courrier tant attendu de tous.

J'ai donc été bercé au sein de cette vie rurale. Le matin, j'entendais souvent, de ma chambre, le magasinier - M. Brochant - qui charriait le foin, avec son tombereau attelé d'un cheval. Il passait devant la maison et se rendait à la gare prendre livraison de tas de foin qu'il ramenait à la caserne. Il l'entreposait dans un grand magasin à fourrage, immense baraque proche de l'entrée. Ces bruits matinaux me restent dans l'oreille: le piaffement du cheval, la chambrière du tombereau qui cogne...

Les officiers étaient français...

Ils disposaient pour leur famille d'un appartement à l'intérieur de la caserne, si bien qu'ils s'intégraient davantage à la vie du village. Le capitaine Lacassagne a longtemps commandé les hommes du quartier Burcy. Ce n'est que [quelques années] *avant la guerre qu'il fut remplacé par le capitaine Dupas. M. Legendre... a fait toute sa carrière militaire à la caserne du Bec-Hellouin. Avec son épouse et ses quatorze enfants, il occupait les cellules situées au-dessus de l'ancien réfectoire des moines.*(36)

Mais j'entretenais aussi des relations privilégiées avec des spahis... Je me rappelle l'un d'entre eux ... disant: «Il faut que je gagne encore plus de sous avec ma solde pour acheter ma femme dans mon pays...» (30)

L'un de ces cavaliers algériens vit toujours paisiblement à quelques kilomètres du Bec et a accepté, pendant une après-midi d'été, d'égrener ses souvenirs au cours d'un émouvant pélérinage. Ecoutons-le:

«Je m'appelle Dahoud Zerkaoui, je suis né à Mascara en 1916, l'année même où un de mes frères fut tué à Verdun. J'ai donc dépassé 80 ans et tout cela parait très loin, même si je reconnais bien les endroits où nous nous promenons quoiqu'ils aient beaucoup changé!

Après mon retour à la vie civile, je suis resté en Normandie. A la fin de la guerre, ayant quitté Caen, le jour du Débarquement, pour gagner, à pied, Brionne, je m'y suis établi et marié avec une jeune fille du pays. Nous avons eu 9 enfants (5 garçons, 4 filles) et 23 petits-enfants!

J'adorais les chevaux que, cependant, nous ne montions pas. Ils devaient le sentir, ce qui m'a permis un jour de calmer une jument rétive qui venait de manquer tuer un vétérinaire

Le Brigadier Dahoud Zerkaoui

d'un coup de pied dans le ventre; le capitaine voulait la réformer et même la faire abattre...; je lui ai posé la main sur le chanfrein, sans la brutaliser, et elle m'a obéi: on avait dû la maltraiter... Par la suite, on aurait dit qu'elle me suivait à la seule voix! Son propriétaire ulté-

Je me suis engagé à l'âge de seize ans et demi et suis resté au Bec-Hellouin de 1932 à 1938. Je suis devenu brigadier grâce au capitaine Dupas et n'ai manqué d'être promu maréchal des logis que parce qu'un autre a été pistonné à ma place: cela m'a dégoûté....

rieur la fit participer à des courses dont elle remporta plusieurs.

J'aimais aussi le football: je participais régulièrement à des matches en-dehors de la caserne. Je suis également allé voir passer, avec les camarades, le tour de France à La Rivière-Thibouville!

Parfois, dans une voiture noire tirée par deux chevaux et ouvrant par l'arrière, j'allais faire des courses à Brionne ou chercher des officiers au train de Pont-Authou. Dans ce dernier bourg, j'avais fait la connaissance de Polonais et nous nous retrouvions au bistrot pour boire de sacrés coups!

Nous pratiquions, à ce propos, très modérément l'Islam; nous ne respections guère que le Ramadan et la Fête du mouton: ce jour-là, la cour d'honneur était le théâtre d'un énorme méchoui!»

Les Algériens prélevaient chaque année, en cette occasion, la poitrine grillée, morceau de choix, et la portaient au café Youf pour que la patronne en régale les officiers de passage et leurs épouses qu'il convenait d'honorer en ce jour de fête. Hélas, la viande, considérée comme immangeable en l'état, finissait dans la poubelle, avantageusement remplacée par un bon vieux gigot!

«De temps à autre, quand il fallait remplacer, sur les parcours, des lices brisées par les chevaux, l'adjudant Legendre et moi-même partions en fourragère avec quatre cavaliers, dans la forêt de Montfort-sur-Risle. Nous choisissions des sapins hauts et minces qui seraient taillés et blanchis à la chaux avant d'être posés sur des pieux en ciment. Chaque expédition était l'occasion d'un pique-nique bien arrosé! L'adjudant se mêlait à nous sans façon...

Pour me distraire, en dehors du service, je pêchais à la main des anguilles dans le Bec, au fond des prairies, ou des truites, en me plaçant dans la partie du canal qui passe sous l'actuelle église. J'élevais aussi des lapins, jusqu'à cinquante!, dans des cages installées dans un bâtiment qui se trouvait alors près de l'abreuvoir, devant l'abbatiale. Je les faisais cuisiner au café Cornu: c'était la fête!

J'ai, comme tout le monde, gravé mes initiales en haut de la tour, sous la statue, et aussi sur chacune des boules posées sur les deux piliers de l'entrée de la caserne.»

Un autre Algérien, à tout jamais anonyme celui-là, a, de même, laissé sa marque à l'extérieur d'une des grandes fenêtres de la façade de l'actuelle église: *«Adieu Algérie, vive Bec-Hellouin* [ceci suivi d'un caractère arabe.]»

« J'ai également nourri une pie, Margot, dans ma chambre. Un jour, le capitaine Dupas lui a jeté une pièce de 10 centimes qu'elle est allé cacher quelque part sur les toits: il râlait

mais je lui ai dit qu'il n'avait qu'à ne pas faire cela! Elle a été tuée par un soldat. Si on avait pu savoir lequel, il aurait été puni rudement...»

C'est qu'en effet les gaillards n'étaient pas toujours commodes... Aussi la discipline était-elle stricte et les incidents rares, en tout cas dans la caserne, la presse locale relevant en revanche, quelques bavures extérieures plus ou moins graves rappelant, à peu de chose près, certains méfaits évoqués plus haut.

«Vendredi, deux arabes accomplissant leur service militaire au dépôt de remonte se querellèrent. L'un d'eux, qui avait eu le dessous, conçut un vif ressentiment contre son congénère et, s'armant d'un marteau, il arriva derrière lui et le frappa par trois fois sur la tête et à la tempe.

A moitié assommé, l'arabe a été amené à l'hospice de Brionne où il a reçu les soins du Docteur Bertin.» (1-e)

Une autre fois, on signala un simple bris de carreau, chez une madame Foulque, par *«2 cavaliers indigènes du dépôt de remonte nommés Drid et Allaoua, et le brigadier Bouakaz Mohamed.»* (1-e).

Il arrivait également que certains "fassent le mur": les cavaliers Bérouti et Rachi furent ainsi surpris à rôder dans Pont-Audemer sans pouvoir justifier de l'autorisation de quitter leur garnison; arrêtés par les gendarmes pour absence illégale, ils furent reconduits au Bec. (1-e).

Plus grave, mais rarissime, une agression caractérisée est rapportée dans Le "Brionnais" du 15 janvier 1939: deux hommes cheminant sur la route du Bec à Pont-Authou se trouvèrent menacés d'un couteau par le soldat Laskri Mohammed, âgé de 27 ans qui leur déroba 80 francs. Rapidement interpellé, son dossier révéla qu'il avait déjà fait l'objet de sévères punitions pour diverses agressions. Ce récidiviste écopera de huit mois de prison à la maison d'arrêt d'Evreux.

Environ quatre fois par an, le chapardage de pommes relevait davantage d'un sport obligatoire. Le café Youf pratiquait en effet le «brassage» dans ses caves pour fabriquer son cidre. La nuit, les pommes restant en sacs sur la place des Ormes, les soldats venaient se servir à l'aide d'une brouette dont le grincement les trahissait immanquablement. Malgré leurs refus d'avouer ces larcins, les punitions pleuvaient dru!

Au sein même de la caserne, un incident disciplinaire donna l'occasion au brigadier Zerkaoui de faire preuve de sa capacité à se faire obéir d'un compatriote au mauvais caractère... Ecoutons-le à nouveau:

«L'abreuvoir des chevaux servait également à leur faire prendre des bains afin de fortifier leurs pieds; on les faisait aussi avancer jusqu'au poitrail quand on les avait enduits d'une pâte destinée à éliminer les parasites; comme on les faisait alors se déplacer en tournant dans cette ancienne pièce d'eau des moines, celle-ci était surnommée «le rond».

Mais cet endroit avait une autre destination: chaque matin, à tour de rôle, un soldat venait y déverser le contenu des vases de nuit! Grâce au courant, beaucoup plus fort alors qu'aujourd'hui, cela n'entraînait pas de pollution... Un jour, le militaire «de corvée» a

J'ai expliqué la situation en lui montrant le couteau qui était resté au fond de l'eau: on le voyait bien car l'eau était très claire. Alors il a obligé le soldat à retourner se mouiller pour récupérer l'objet en lui disant: «Et attention! Tâche de faire ton service, comme tout le monde!»

Soucieux d'éviter tout incident avec ces hommes au sang vif, le capitaine Dupas et l'adjudant Legendre interdisaient formellement à leurs nombreux enfants (cinq pour le premier, treize pour le second, à la veille de la guerre) de leur adresser la parole, comme d'ailleurs de vaga-

refusé de s'exécuter et m'a menacé d'un couteau! Il voulait crâner... Je lui ai alors expédié mon poing en pleine figure et il est tombé «dans la flotte»! (sic). *Au moment où il ressortait, trempé et mauvais, l'adjudant est arrivé, pas content, pour voir ce qui se passait...*

bonder dans tous les coins et recoins de l'ancienne abbaye.

Si la première recommandation était respectée, sans difficultés, à la lettre par les gamins, terrorisés par l'aspect, pour eux terrible, des hommes de troupe, la seconde ne pesait parfois pas lourd face à l'aventure permanente dans laquelle les garçons entraînaient volontiers leurs soeurs! L'une d'entre elle garda un souvenir... cuisant de son incursion dans le local où était stockée la chaux destinée au badigeonnage des bâtiments!

Une autre des fillettes s'étant attardée au cours d'une escapade solitaire et craignant une réprimande, imagina de se cacher dans un sombre recoin, derrière un tas de rondins. Son absence anormale découverte et l'alerte donnée, l'inquiétude des adultes fut grande: le "palais magique" recélait bien des dangers et on alla jusqu'à commencer la vidange d'une petite pièce d'eau située dans les jardins attenant à l'ancienne infirmerie monastique. Au bout de deux heures de recherches, c'est l'un des "cavaliers indigènes" mobilisés qui annonça triomphalement la découverte de l'enfant, bien penaude mais saine et sauve à la joie générale.

Les relations entre les Algériens et les autochtones pouvaient parfois s'avérer également délicates... Le maréchal des logis Hamidou Ben Ali, âgé de 30 ans, ayant formé des projets de mariage avec une jeune fille de la région, provoqua la colère du père... Celui-ci, ayant rencontré le militaire sur la route, le menaça carrément d'un revolver pour le persuader de renoncer! Grâce à une médiation de ses supérieurs, le mariage put finalement avoir lieu et se révéla parfaitement heureux.

Les Français n'avaient pas ce problème: de nombreux jeunes gens se fixèrent dans la région au terme de leur service en épousant des Normandes.

Ainsi Ferdinand Nebout, originaire de Paris et conscrit de la classe 1900, était venu effectuer son service militaire au Bec où il servit comme cuisinier. Plusieurs photographies nous le montrent, en tenue de travail ou en fringant cavalier. Ayant effectué son temps, il épousa une demoiselle Dubuisson, native du Bec-Hellouin, ellemême employée aux cuisines de Madame Hébert, propriétaire du logis abbatial. Peu d'années après, ils gagnèrent Paris et y tinrent assez longtemps, dans le XIX° arrondissement, un commerce de boulangerie.

Il laissa sa signature sur une des portes du cloître!

Outre la discipline, une autre exigence était draconienne au Bec: l'hygiène. La nécessité du chaulage a déjà été abordée, la vermine ne demandant qu'à pulluler tant dans les écuries que dans les chambrées. Aussi, une ou deux fois par an, au milieu de la cour d'honneur (olim de France), on désinfectait lits et literies en les "brûlant" à la lampe à souder!

De même, pour respecter une habitude des hommes de troupe sans nuire aux impératifs sanitaires, de nombreux crachoirs (boîtes en bois remplies de sciure) étaient disposés un peu partout, notamment dans les escaliers: leur non-utilisation était passible d'une rigoureuse punition. Dans les années trente, des douches fonctionnaient à l'emplacement de l'actuel vestibule du réfectoire monastique.

Pour la détente des hommes, qui devaient faire la sieste deux heures en début d'après-midi pour se reposer, un "café maure" était établi au-dessus de la galerie est de l'ancien cloître: ils pouvaient y chanter des airs "de là-bas", fumer, jouer aux cartes et aux dominos, boire du "coco" (cette boisson, mélange de jus de réglisse et d'eau, était contenue dans des tonneaux que l'on trouvait également disposés çà et là dans les bâtiments). Cette salle servait également pour les séances de cinéma.

Et puis, comment ne pas "l'" évoquer, fût-ce pudiquement? Il existait dans le village, parmi les seize débits de boisson (maisons Lagniel, Monchy, Youf...), une accueillante maison: le café Cornu où le brigadier Zerkaoui nous a dit faire cuisiner ses lapins...

Les hommes de troupe venaient y jouer aux dés... le couteau planté sur la table! Celui qui perdait la partie avait intérêt à s'éclipser prestement... La malignité publique prétendait que, les jours de solde, profitant de l'excitation de cette clientèle, le patron n'hésitait pas à leur faire les poches.... à ses risques et périls, les soldats n'étant pas dupes!

Mais surtout, c'est là qu'ils pouvaient rencontrer, de temps à autre, de "jeunes personnes" venues de Brionne pour aider au "repos du guerrier"...

C'est à cause de l'une d'elles, Agathe, native, ce qui n'était pas fréquent, de la commune du Bec, que la statue du sommet de la tour, jusque-là vénérable sainte Honorine, se trouva rebaptisée sainte Agathe par d'irrévérencieux mécréants!

Pour conclure l'évocation de ces souvenirs, on peut affirmer que si la rigueur et l'ordre régnaient au sein de l'Etablisse-

ment hippique, les rapports entre les soldats algériens et leurs supérieurs étaient fondés sur le respect et l'estime réciproques. Soixante ans plus tard, la personnalité de l'adjudant Legendre notamment, reste unanimement louangée. (36): c'est grâce à lui, par exemple, qu'un certain Zéroual put apprendre à maîtriser la langue française et devint brigadier (il devait, par la suite, funeste coïncidence, mourir en Turquie d'une chute de cheval, écrasé par sa monture.)

L'adjudant Legendre avec deux de ses hommes

De l'immédiat avant-guerre à la reprise de la vie monastique au Bec (1937-1948)

L'immédiat avant-guerre

Les années passaient. Le Président Herriot ayant exprimé le souhait, à l'occasion d'un périple en Normandie en août 1937, de visiter l'ancienne abbaye. Paul d'Ones livra à un journal local un article dont le moins qu'on puisse dire est qu'il tranchait singulièrement avec les inquiétudes et indignations des «Amis du Bec»!

«Beaucoup de visiteurs se plaisent à rendre hommage à la présentation de l'abbaye et au modeste parc qui lui sert de cadre. D'aucuns, cependant, qui, érudits ou profanes vinrent visiter l'ancien monastère du Bec, ont manifesté leur tristesse pour ne pas dire leur indignation, souvent en termes sévères, devant le badigeon de chaux (37) *qui recouvre sur une certaine hauteur non seulement les murs mais aussi quelques sculptures. Convient-il de déplorer avec autant de véhémence cette pratique dans un monument qui est, avant tout un bâtiment militaire, c'est à dire un bâtiment qui doit répondre à certaines conditions d'hygiène et d'entretien indispensables. Au surplus si cette coutume est certes plutôt inesthétique, elle présente des avantages appréciables: elle protège la pierre contre l'humidité et la mousse destructrices; elle ne détruit pas, au contraire; la courbe, le relief, le modelé des sculptures de-*

meurent, ne perdant rien de leur grâce et de leur intégrité. Que la pierre soit nettoyée, les arceaux débarrassés de leur mince écran de planches ou de briques et le cloître, admirablement conservé, intact, apparaîtra aux yeux du visiteur étonné et ravi.

Les murs branlants, les voûtes écroulées, béantes, les squelettes de pierre ne manquent pas de charme et de poésie, sans doute, mais à l'admiration se mêlent la mélancolie et une sorte de regret, comme devant une tombe abandonnée. Tel eut été pourtant le sort de l'abbaye du Bec, si la vie n'y avait poursuivi son cours. C'est en cela que l'occupation militaire a eu une bienfaisante action. Il n'y a pas, somme toute, tant de différence entre la Règle monastique et la discipline des camps (38) *: levers matinaux, labeur désintéressé, vie simple etc..., et si, par le jeu des vicissitudes politiques et religieuses, l'uniforme du soldat a succédé à celui du moine bénédictin, la tradition de l'honneur et du devoir est toujours maintenue bien qu'en vue d'un idéal différent. Il reste, il est vrai, cette «indésirable» «cavalerie piaffante et hennissante»* [(34) - n.d.l.r]. *Évidemment on peut regretter de voir fouler le sol du cloître au sein duquel reposent encore peut-être quelques dépouilles de moines. Pourtant, disons nous que la présence des chevaux ne peut plus troubler le repos de leur corps qui est retourné à la terre, ni celui de leur âme qui est au ciel. Disons nous aussi que les pieux bénédictins furent de rudes cavaliers pour qui le cheval était vraiment «la plus belle conquête de l'homme», que la plupart furent , avant de se consacrer à Dieu, de rudes chevaliers normands peu enclins à s'émouvoir* (38)*. Enfin ajoutons qu'au cours des charges héroïques de l'histoire, les chevaux ont maintes fois foulé de leurs sabots les tombes des champs de bataille. On pourra alors excuser leur présence, l'oublier même en évoquant le souvenir des moines bâtisseurs qui hantent encore parfois*

424. LE BEC HELLOUIN (Eure) — Ancienne Abbaye – Quartier Burcy, le Pansage

les hautes galeries, les vastes salles et les longs corridors. Rien n'empêchera le visiteur, cheminant sous les ombrages, au milieu des parterres de fleurs et de verdure de répondre à l'appel du passé dans la contemplation de la vieille tour, dressée, majestueuse et défiant le temps au creux du vallon du Bec» .(7)

On trouve un ton semblable dans le compte-rendu de l'auguste visite que donna le «Journal du Neubourg» dans son édition du 1er septembre 1937:

«On sait que l'abbaye du Bec-Hellouin est actuellement occupée par la 3° compagnie du train (cavaliers de la métropole ou indigènes) sous le commandement du capitaine-vétérinaire Dupas, secondé par un adjudant-chef, qui est chargé d'une partie de la remonte des chevaux de l'armée.

Le président Herriot visita l'établissement...

Le détachement de cavalerie rendit les honneurs au président...

Ce domaine est magnifiquement entretenu: il respire la propreté jusqu'à la minutie. Les jardins où poussent des marronniers et des tilleuls séculaires sont parsemés de glycines, capucines, pois de senteur qui leur donnent un air agréable. M. Edouard Herriot félicita très vivement le capitaine Dupas et son adjoint, mais il ne put que regretter l'emploi qu'on avait fait d'un tel monument, et nous croyons savoir qu'il appuiera favorablement auprès de M. Huysman, directeur général des Beaux-Arts une proposition qui lui a été faite par M.M. Join-Lambert et Marcel Delaunay en vue de la restauration et de la mise en valeur de cette merveille architecturale» (1-c)

La Société des Amis du Bec envisageait alors l'achat du haras de Beaumontel en vue de négocier un échange avec les autorités militaires.

L'attente au corps de garde

Signature du livre d'or devant la tour Saint-Nicolas

Le capitaine Dupas, son épouse et l'adjudant Legendre à la rencontre du visiteur

De son côté, en mai 1938, Pierre Mendès-France « *s'associa à une demande formulée par le sénateur André Join-Lambert, Conseiller Général de Brionne, tendant au classement comme monuments historiques des anciens bâtiments monastiques du Bec-Hellouin et à leur attribution au Ministère de l'instruction publique en vue d'une affectation culturelle... Il émit l'opinion qu'une renaissance au Bec d'une activité d'érudition analogue à celle qui avait été l'activité de la Congrégation bénédictine de Saint-Maur serait particulièrement rationnelle.*» (39)

Hélas, une fois de plus, le destin contraire veillait: deux années plus tard, «*la guerre et les quatre années d'occupation allemande arrêtent tous les travaux ou projets.*» (30)

Ultime fête avant la grande tourmente, le 13 mai 1939, deux escadrons du 7ème chasseurs ayant participé à des manoeuvres dans la vallée de la Risle, une imposante manifestation de présentation d'un groupe motorisé de cavalerie fut organisée au Bec en présence de plus de sept-cents officiers de réserve de toutes armes de la 3ème Région militaire (Rouen) et de nombreux officiers supérieurs et généraux. Au terme de cette prestation, un repas froid fut servi dans la cour d'honneur, le service étant assuré par des «cavaliers indigènes».

Puis, «*à l'issue du repas..., le vétérinaire-capitaine Dupas fit, au micro, un intéressant historique de l'abbaye du Bec, en insistant sur le rôle conservateur joué par l'armée dans la destinée du célèbre monastère.*» :

« *Il avait été question, il y a peu de temps encore, de vous réunir, en vue de votre repas, dans l'ancien et immense réfectoire des moi-*

nes bénédictins qui vécurent en ce lieu. Ce réfectoire est, dans sa sobriété de lignes, une splendeur architecturale;... ses dimensions, 74 mètres sur 9 sous une voûte d'une seule portée, en font un monument d'une simplicité grandiose. Mais des considérations d'ordre hygiénique se sont, en définitive, opposées à cette solution. Dans une certaine mesure, voyez-vous, c'est dommage; cette agape, en quelque sorte fraternelle, symbole d'union dans un commun idéal, aurait pris, dans cette salle aux proportions grandioses un caractère évocateur tout particulier.... C'est qu'en effet, nous pouvons, aujourd'hui, célébrer le neuvième centenaire de l'abbaye du Bec. C'est effectivement en l'année 1039 qu'... Herluin... fonda ici même... un monastère...

Je voudrais, avant de terminer, rendre un hommage mérité à tous les officiers, mes prédécesseurs, qui dirigèrent successivement l'Établissement de remonte du Bec-Hellouin... qui, sans l'occupation militaire, ne serait que ruines méconnaissables. Quelques-uns... se sont montrés sinon des archéologues érudits, au moins des archéophiles avisés. Ils se sont tous révélés, dans la mesure compatible avec la nécessité du service, des conservateurs aussi bénévoles qu'attentifs. Il convient de rendre aussi hommage au Service du Génie qui, au siècle dernier comme de nos jours, a apporté sa collaboration toujours féconde et heureuse à l'entretien de ce magnifique monument historique qu'est l'Abbaye du Bec.

193. — Environs d'Evreux. — Le Bec-Hellouin. — Dépôt de remonte. — (La Carrière).

Mais après tout, ce n'est pas d'aujourd'hui que le monastère participe à la remonte de l'armée française. Déjà, en 1224, il y a 715 ans...»(1-e)

La suite du discours révèle qu'outre ses talents oratoires et stylistiques personnels, le capitaine Dupas avait de bonnes lectures! (cf. Porée, tome 1, p.567)

En revanche, une confusion de dates, certes bien innocente, lui permettait d'évoquer une commémoration de circonstances... Ce ne fut pas, en effet, exactement *«en l'année 1039 qu'...Herluin... fonda ici même ... un monastère...»* : cette date est celle du transfert sur un site provisoire du monastère fondé à Bonneville en 1034; l'installation définitive au Bec ne s'effectua que vers 1060... Il n'est pas impensable que l'officier qui n'était tout de même pas médiéviste ait confondu ces dates en toute bonne foi!

La seconde guerre mondiale

«A la déclaration de guerre les militaires du quartier Burcy sont mobilisés. Ils quittent le Bec en septembre 1939. Avant que les Allemands n'arrivent, en juin 1940, un sous-officier de la caserne, M. Ledilhuit, s'efforce d'évacuer les chevaux et les emmène par la route de Saint-Georges-du-Vièvre... Malheureusement, comme nous l'avons appris plus tard, les Allemands l'ont rejoint et arrêté aux environs du Mans. Bien entendu, ils ont réquisitionné tous les chevaux.

L'abbaye n'est pas tout de suite désertée. Le capitaine Dupas avait été, bien entendu, également mobilisé, mais son épouse est restée seule à la caserne pendant quelques mois... quand elle partit plus tard rejoindre sa famille, elle laissa ses meubles dans l'ancien appartement du Père Abbé, qu'elle avait occupé jusque-là. Son départ fut l'occasion pour certains de se livrer au pillage, non seulement de cet appartement meublé, mais d'autres parties de l'abbaye déserte et jusqu'au plomb des toitures. Personne ne gardait alors l'abbaye et n'y pénétraient la plupart du temps que des rôdeurs, parfois mal intentionnés.» (30)

«Le dépôt du Bec voit arriver le 15 juin [1940] *les motocyclistes allemands... Les bâtiments du Bec-Hellouin souffrent comme jamais encore: les beaux râteliers, les bat-flancs sont cassés et brûlés.»* (2)

«Les occupants transforment le logis abbatial en "Kommandantur". L'abbaye devient le siège d'unités allemandes appartenant à l'équipement des chars. Les soldats sont revêtus des uniformes noirs de cette arme.» (40)

Un corps de garde est installé au café Youf. La soldatesque y fait scandale en se régalant de pommes de terre non nettoyées

Le Capitaine Dupas

Le Café Youf

et de hareng salé cru et en utilisant les rideaux pour cirer les bottes des officiers!

«Jour et nuit le village résonne du mouvement incessant de ces voitures "Opel", parmi lesquelles circulaient également des voitures-amphibies. Elles partaient pour de mystérieuses missions et revenaient de même dans un va-et-vient impressionnant. Il y avait des changements de troupe réguliers, mais les Allemands restèrent longtemps, quasiment pendant toute la durée de la guerre, jusqu'à la libération de l'abbaye par les Américains.

Dès le 6 juin 1944 le débarquement s'accompagne de canonnades et de bombardements intensifs. Le jeudi 8 juin trois bombes tombent sur le quartier Burcy. Et, le 13 juin, huit bombes, de 500 et 1000 kg, s'écrasent au bout du parc. Mais c'est le dimanche 13 août, à 13h30, que le Bec-Hellouin eut à subir un terrible bombardement. Des bombes tombèrent dans la cour de Brionne, à l'abbaye, d'autres dans les pâturages et dans le village, où elles firent quatre victimes... Les villageois sont terrorisés par ces bombes meurtrières. Tous partent pour la «cave du Paradis.» Et c'est l'installation précaire de 300 personnes dans cette immense cave sous les prairies de l'abbaye... A dater de ce jour et jusqu'au 27 août inclus, les villageois vaquent à leurs occupations le jour durant mais rejoignent leur abri providentiel au cœur de l'abbaye pour y passer la nuit.» (30)

Jusque là, après avoir servi de celliers aux moines, ces caves avaient surtout permis, dans les années 30, grâce au crottin des chevaux, de pratiquer la culture des champignons de Paris!

«Le 25 août, les alliés arrivent à Saint-Martin et Pont-Authou. Dans la nuit, les Allemands, avant de s'enfuir, mettent le feu à 250 quintaux de farine dans l'ancien réfectoire... Parmi les libérateurs beaucoup étaient Canadiens et nombreux étaient les Noirs Américains. Pour eux l'abbaye deviendrait une espèce de halte, avec une circulation rapide de troupes: une vague de soldats laissant, après un court repos, la place à des troupes plus fraîchement débarquées, pour regagner un front plus intérieur. Cela dura jusqu'à la fin de la guerre.» (30)

«Véhicules et stocks d'essence occupent parfois l'ex-abbaye.» (2)

Dans la précipitation, un camion ayant malencontreusement écrasé un énorme tuyau, le village et la rivière en furent empuantis pendant plusieurs jours...

«Les écuries du Bec, bien délabrées [abritent temporairement quelques-uns des nombreux chevaux de toute espèce abandonnés par les Allemands] *avant leur affectation ou leur réforme. C'est la fin. Cours et bâtiments sont abandonnés.»* (2)

Vers la renaissance du Bec

«Après la libération... il y avait eu encore de nouveaux pillages. Et cette situation se prolongea pendant des années... Il n'était pas souhaitable que les bâtiments de l'abbaye restent sous tutelle du ministère de la Guerre ou des Armées. Pour faire cesser leur abandon prolongé... il fallait transférer la responsabilité de l'abbaye à un ministère plus approprié, comme les Beaux-Arts ou l'Éducation Nationale, qui veillerait davantage à la sauvegarde et à une judicieuse affectation des bâtiments... Mme Legendre, mère, dans les premières années d'après-guerre, faisait encore visiter les bâtiments aux rares touristes ou pèlerins qui s'y hasardaient. Elle leur racontait l'histoire de l'abbaye, et souvent l'on entendait: «Comme c'est dommage que tout cela reste à l'abandon...!»... Cette exclamation, souvent entendue, rejoignait tout à fait le sentiment profond des habitants du village...» (30)

Les Bexiens de ces années-là étaient bien, en cela, les dignes descendants de ceux du siècle précédent.

«Ce fut une des grandes joies d'André Join-Lambert que de voir une véritable union sacrée se réaliser, non seulement pour mettre un terme à l'abandon et à l'agression des vénérables bâtiments du Bec, mais pour redonner à ceux-ci toute leur valeur spirituelle.»(32)

Toutefois, les obstacles n'allaient pas manquer et, plus que jamais, les inquiétudes se multiplier. Dès le 25 avril 1945, avant même, donc, la capitulation allemande, une lettre au Préfet de l'Eure du chef de bataillon Leroy révèle que l'Administration militaire n'est pas décidée à céder aisément la place!

«Par note de service en date du 16 avril 1945, le Général Commandant de la 3° Région Militaire a ordonné la remise en état, de l'Établissement Hippique de Bec-Hellouin (ancienne Abbaye), en vue de la réinstallation du Service des Remontes dans les conditions analogues à celles de 1939.»

C'en est trop! La riposte ne tarde pas: Marcel Baudot, Conservateur des Antiquités et Objets d'Art aux Archives départementales de l'Eure, alerte la Direction des Beaux-Arts:

«J'ai l'honneur de vous signaler que la Chefferie du Génie de la 3° Région a l'intention de reprendre possession des bâtiments classés parmi les monuments historiques de l'Abbaye du Bec-Hellouin pour y rétablir le dépôt de remontes... Il est déplorable de revoir les chevaux reprendre place dans le cloître de l'illustre Abbaye normande qui fut notre première grande université française.»

Monsieur Prieur, architecte en chef des Monuments Historiques, adresse à son Administration un rapport pressant:

«Actuellement, l'Autorité militaire annonce sa décision de réinstaller le Dépôt de Remonte qui existait en 1939 et montre une certaine hâte à exécuter cette réinstallation puisque le commencement des travaux est fixé vers le 15 mai...Il importe donc que l'Administration des Beaux-Arts fasse connaître par une prise de contacts immédiate et directe entre les Ministères intéressés (...) qu'une instance de classement est ouverte à la date du 15 mai, afin que l'on ne se trouve pas devant le fait accompli et des travaux indésirables... [cette] *réinstallation... ne semble pas s'imposer étant donné les faibles besoins en chevaux des armées modernes et les nombreux haras privés existant dans la région.»*

C'est finalement le ministre de l'Éducation nationale qui le 25 juin 1945, s'efforce de rassurer Marcel Baudot:

«...je suis intervenu auprès de M. Le Ministre de la Guerre pour lui faire part des réserves qu'un tel projet appelle de ma part.

Vous pouvez être certain que je ferai tous mes efforts pour garder à l'Abbaye du Bec-Hellouin, et notamment à son Cloître, tout son caractère et son intérêt architectural.»

Hélas! Ce ministre n'est pas au bout de ses peines... Le 6 avril 1946, l'abbaye est *«mise à titre simplement précaire et révocable à la disposition du Ministère de l'Agriculture... pour servir d'abri à des chevaux importés du Canada!»*

Un organisme au nom peu rassurant est chargé de gérer la nouvelle destination des lieux: le Groupement National d'Achat de Viande, Bestiaux et Chevaux (G.N.A.V.I.B.E.C). Cette situation invraisemblable va se prolonger jusqu'à la fin du mois de septembre.

C'est désormais avec deux de ses collègues que le ministre de l'Éducation Nationale doit envisager de négocier *«la libération rapide du monastère et sa session à* [son] *Département qui pourrait l'affecter à des fins mieux appropriées à sa haute qualité et aux souvenirs historiques qui s'y rattachent.»*

Pendant ce temps, exaspérés, le mot, on va le constater, n'est pas trop fort, les défenseurs du Bec se déchaînent. Le délégué au Bec-Hellouin de la Société des Amis des Monuments et Sites de l'Eure adresse un rapport à son Président, Marcel Delaunay, dans le courant du mois d'août:

«En ce qui concerne le Bec, il faut avoir vu les alentours de la tour (seule partie que le Directeur du Dépôt de chevaux canadiens autorise à visiter) pour se faire une idée de ce que peut être le reste.

Il n'y a plus de trace de jardins, tout est bouleversé: l'allée centrale n'existe plus que par le souvenir qu'on en a conservé; plus de parterres fleuris, aucun ordre, aucune propreté, du crottin de tous côtés. On ne peut s'imaginer que l'armée,... pourtant assez indifférente aux souvenirs historiques et artistiques, avait donné aux abords de ses écuries un caractère particulier, que la propreté y régnait. L'agriculture abandonne tout!!!»

Marcel Delaunay alerte, comme on l'avait fait avant-guerre, Edouard Herriot et Pierre Mendès-France:

«...Il faut reconnaître que l'Armée, ..., entretenait dans les meilleures conditions possibles avec des moyens de fortune.

Les commandants-vétérinaires qui en avaient la direction s'ingéniaient à maintenir le domaine dans le plus grand soin.

Le chaos complet a succédé à la bonne tenue de jadis.»

Notons au passage que si elle a eu connaissance de ces appréciations, l'Administration militaire, naguère vilipendée, a dû se féliciter d'avoir accueilli chez elle un locataire dont les méfaits réussissaient à relativiser les siens propres!

Cependant, agacé peut-être par ces critiques acerbes, le Ministère de l'Agriculture déclare abandonner la place le 4 octobre 1946. Il prendra grand soin d'en aviser officiellement (fin janvier 1947, toutefois) l'Éducation nationale. Mais, dès le 11 octobre, pour celle-ci l'essentiel, enfin, est acquis car le Ministre des armées (l'intitulé a changé!) lui annonce:

«J'ai l'honneur de vous faire connaître que le Service des Remontes ayant été dissous, mon Administration ne prévoit plus l'utilisation de l'immeuble dont il s'agit; sa remise aux Beaux-Arts n'appelle donc de ma part aucune objection.»

Nul n'aura le mauvais esprit d'ironiser sur le fait que les militaires, en ces temps impécunieux, se débarrassaient ainsi, sans vergogne, de ce qui n'aurait plus été pour eux qu'un improductif fardeau financier!

Le 9 octobre, Marcel Delaunay titre «*Le coup de théâtre du Bec-Hellouin*» un article qu'il signe dans le journal «Le courrier du Plateau du Neubourg et du Pays d'Ouche»:

«Les chevaux canadiens ont tous quitté l'Abbaye et le personnel aussi. Seul reste un fonctionnaire chargé de l'intérieur en attendant des successeurs.

Quels seront-ils?...

Le principal est que l'Abbaye ne redevienne pas le fief des militaires, dont les inventions ne sont pas souvent heureuses en matière d'occupation. Le dépôt de remonte d'avant-guerre n'a plus sa raison d'être, puisqu'a sombré, probablement à tout jamais, le règne, jadis glorieux, de la cavalerie, vaincue par les motorisés, entraînant la défaite des barbouillages traditionnels au coaltar et à la chaux».

Le même Marcel Delaunay se rend très régulièrement dans l'abbaye désormais abandonnée et devant l'étendue des dégâts qu'il peut y observer à loisir, ne cesse de harceler, avec de plus en plus d'âpreté, les autorités désormais compétentes: le service des Monuments Historiques, rattachés tantôt au Ministère de L'Éducation nationale tantôt, comme en 1947-1948, à celui de la Jeunesse, des Arts et des lettres (41)

«Mais pour le reste, c'est à dire tas de terre nombreux, carcasses de véhicules allemands qui gisent un peu partout, en partie disparaissant sous les orties, ronces, plantes parasitaires etc...ce n'est pas le [GNAVIBEC] *qui en est responsable.*

J'en dirai autant pour l'intérieur des bâtiments jonchés des débris de plâtres, de pavages défoncés, de verres brisés etc... il n'y a jusqu'alors aucune solution... pour cette raison que plusieurs Ministères se trouvant responsables de la situation actuelle, personne ne veut prendre la moindre responsabilité et s'engager dans des travaux indispensables qui, forcément, prendraient beaucoup de temps et un personnel nombreux bien outillé et surtout bien commandé.» (lettre du 8 mai 1947)

«Mais le jour où les bureaucrates du Ministère de la Guerre ont décidé de passer le Domaine au Ministère de l'Agriculture, sans se rendre compte de la mauvaise action qu'ils commettaient..., ce fut la catastrophe...

Le 3 novembre, la visite que nous fîmes... nous montra l'étendue du désastre.

Certes, les bombardements ont causé des dégâts mais qui n'ont rien de comparable avec ceux qui ont été commis par les derniers occupants...français.

Il est difficile de décrire l'état d'abandon, de malpropreté, de désordre dans lequel bâtiments et terrain se trouvent, il faut voir pour croire. Malheureusement notre insistance à faire venir sur place, comme cela aurait été dans un pays bien organisé, de hautes personnalités pour contrôler notre dire, s'est heurtée à un silence obstiné. Des sanctions auraient dû être prises contre les fonctionnaires indignes qui se sont rendus coupables de la situation actuelle...

Comme partout, faute de volonté, on reste dans ce statu-quo qui risque de nous valoir la risée des étrangers...

On en est resté aux palabres entre le Ministre de la Guerre et celui de l'Éducation nationale quant à la possession définitive du Domaine.

Quant à l'Administration des Beaux-Arts, et sur un autre chapitre, ses procédés sont toujours tels qu'elle finira par ne plus trouver d'entrepreneurs pour effectuer les travaux...quand elle en commandera» (rapport en marge duquel, cette fois, une main aussi anonyme que rageuse a écrit au crayon: « *encore le Bec-Hellouin!* »).

Le journal «Normandie» fait chorus, dans son numéro du 14 mai 1947, en publiant un article signé Perrot-Belvaux:

«La cour, où tout pousse à l'abandon, herbes folles, orties, ronces et chardons, est jonchée de ferraille, de détritus de toutes sortes, de gravas... de bois-troncs aux branches qui y pourrissent. Tout y est désordre.

Et les bâtiments sont encore plus tristes à contempler. Sur telle façade, aux nombreux écussons rocailles de si belle allure, les fenêtres sont veuves de carreaux et les planches disjointes qui remplaçant les vantaux de l'épo-

que pendent lamentablement et donnent à cet ensemble, qui fut splendeur autrefois, un aspect de profonde misère.

Plus loin, des gouttières défuntes laissent filtrer l'eau partout. Une partie de toit dont on avait entrepris la réfection est restée sans être achevée. Les chevrons ont été posés, les ardoises amenées à pied d'oeuvre...Mais sans plus! L'eau et l'hiver ont fait leurs ravages... et les voûtes du cloître s'écroulent... Une à une et de partout, les pierres s'échappent... Les clés glissent petit à petit et les arceaux menacent de s'affaisser. Aux étages, l'herbe et l'ortie poussent comme en plein champ. Le pavage des couloirs, celui des cellules est détruit, les parquets sont par place arrachés et le crottin... oui, le crottin de cheval, souille encore certaines salles du second étage!...

Et de quelque côté que l'on se tourne, la désolation est partout et les murs ou les voûtes ancestrales semblent suinter la Détresse... La grande Détresse des Abandonnés. »(1-c)

Comme moi, le lecteur s'étonnera sans doute d'apprendre que des chevaux aient pu accéder à un deuxième étage!

L'explication est inattendue: c'est grâce à l'ancien escalier des matines que les animaux réussissaient cet "exploit". Les marches en avaient été conçues, outre le souci d'élégance esthétique, pour limiter au maximum la fatigue des religieux. Tout visiteur peut aujourd'hui l'observer: elles sont aussi larges que très proches les unes des autres. Ainsi, ce qui avait assuré le confort des moines permit celui de leurs"successeurs": toutes les ressources offertes par l'abbaye furent décidément utilisées!

Précisons cependant que ce n'est qu'après 1945 que des chevaux furent ainsi installés en étage: cela ne s'était jamais vu avant guerre...

Peut-être, en ces très difficiles années d'après-guerre, durant lesquelles perduraient des restrictions de toutes sortes, ces acharnés "combattants de l'impossible" risquaient-ils de lasser l'attention de pouvoirs publics constamment sollicités pour des priorités sans doute plus urgentes que la restauration, à grands frais, d'une ruine bénédictine... Il leur arrivait cependant de marquer des points...

Le 4 juin 1947, le Préfet de l'Eure informait le Ministre de la Jeunesse, des Arts, et des Lettres que *«...l'Ingénieur en Chef des Ponts et Chaussées a détaché au Bec-Hellouin des prisonniers allemands qui étaient employés aux travaux de reconstruction de la ville de Brionne.*

L'escalier dit "des matines"

Un commando a été installé au Bec-Hellouin et les prisonniers de Guerre exécutent les travaux indispensables au nettoyage de cet ancien monastère. Ces travaux ont été financés au moyen d'une subvention départementale de 15000 Fr votée par le Conseil Général de l'Eure au cours de sa session d'avril 1947.

Dans un délai de huit jours, l'Abbaye du Bec-Hellouin sera nettoyée et pourra, à nouveau, être visitée par les touristes.»(1-c)

Cela ne pouvait évidemment suffire!

«... nous oublions un peu vite ce qu'était en 1948 le "dépôt du 3° corps d'armée, place de Bec-Hellouin", où les nobles bâtiments étaient devenus casernes ouvertes à tous les vents, leurs toitures percées, leurs ornements arrachés, leurs murs hygiéniquement chaulés ou goudronnés, où seuls les débris de l'église abbatiale témoignaient encore de l'ampleur de la tragédie, mais aussi du caractère sacré du lieu, que ces profanations n'avaient pu lui ôter.» (42)

Sous le titre «*Le cloître du Bec-Hellouin en danger* », le journal «Paris Normandie» enfoncera encore le clou dans son numéro du 9 octobre 1948:

«Après avoir été aux mains des fonctionnaires de la Guerre, de l'Agriculture, du Groupement National des Viandes, des chevaux, l'Abbaye du Bec-Hellouin est aujourd'hui, en principe, passée sous la dépendance du Ministère de la Jeunesse, des Arts et des Lettres. Mais ce changement de propriétaire n'a rien changé à la situation dramatique du cloître. Depuis 30 mois, 100 m de toiture y sont restés découverts. Les chevrons pourrissent, les orties poussent à l'envi dans les combles; les mousses tapissent, chaque jour plus épaisses, les parties

56 BEC-HELLOUIN. — Ancienne Abbaye.
Porte du Cloître, angle Sud-Est — NL

6. - LE BEC-HELLOUIN. - *Vue extérieure du Cloître*

La première pierre en fut posée le 6 mai 1644 ; mais les travaux marchèrent lentement, puisqu'ils ne furent terminés qu'en 1666. Ce fut l'œuvre d'un frère convers bénédictin, Guillaume de la Tremblaye, architecte-sculpteur, né à Bernay, qui dirigea encore d'importants travaux dans les abbayes du Bec, de St-Germain-des-Prés, de Saint-Denis et de St-Etienne de Caen, où il mourut âgé de 71 ans, le 7 janvier 1715.

(*Extrait de l'*Histoire de l'Abbaye du Bec, *par l'abbé Porée.*)

des murs et des corniches que les champignons n'ont pas encore envahis. Les sculptures elles-mêmes se désagrègent, lentement mais inexorablement. Depuis quelques temps, le Bec-Hellouin a reçu de nombreuses visites d'architectes, en chef et ordinaires, et même celle d'un colonel avec sa suite... Mais il attend toujours l'arrivée du couvreur!» (1-c)

L'abbaye enfin rendue aux bénédictins

Entre temps, *«dès 1947, une société s'était créée... pour la restauration de l'abbaye et... le sauvetage des importants bâtiments qui subsistaient , malgré les destructions et les mutilations.» (32)*

« Une modeste communauté bénédictine, la communauté olivétaine de Cormeilles-en-Parisis, engagée dans le mouvement oecuménique, désirait s'enraciner dans un lieu où les anglicans venaient communier dans le souvenir de Lanfranc et d'Anselme et de leurs successeurs en France et en Angleterre.

Les pouvoirs publics comprenaient que le Bec ne pourrait reprendre vie, quelle que fut son affectation, qu'à condition que l'État prenne à sa charge les travaux indispensables de restauration et de mise dans un état minimum d'habitabilité.» (39)

Le 3 janvier 1948, avec le plein appui de Pierre Mendès-France, les pouvoirs publics responsables signèrent avec la toute jeune association une convention établissant un bail de longue durée.

« Les bâtiments loués à l'Association par l'État furent aussitôt mis à disposition des bénédictins olivétains [qui souhaitaient faire revivre non seulement matériellement l'abbaye du Bec, mais aussi lui rendre peu à peu son rayonnement intellectuel et religieux]. *Pierre Mendès-France, avec toute l'autorité qui s'attachait à sa qualité de Président du Conseil Général et à sa situation de Parlementaire, a ainsi joué un rôle capital dans la renaissance du Bec.» (39)*

Cette fois, enfin, l'interminable combat s'achevait par une victoire des "forces de l'esprit".

Il restait cependant, ultime et dérisoire avatar, à régler le sort d'un certain Monsieur Neveu... Ce ne fut pas plus simple que tout le reste et l'affaire retint l'attention des différentes autorités pendant près de deux ans! (43)

«Monsieur Ansbert Neveu, ouvrier d'usine, 36 ans», tel que le qualifie un rapport de gendarmerie du 26 janvier 1948 (il était entendu comme témoin dans le cadre d'une enquête, qui s'avéra d'ailleurs sans objet, concernant un vol commis dans l'abbaye), résidait en ce lieu, avec une compagne, depuis la fin juin 1946.

Il y avait été installé par le G.N.A.V.I.B.E.C *«pour les soins à donner aux chevaux et la propreté du casernement»,* comme l'explique cet organisme à Marcel Delaunay, dans une lettre du 27 juin 1947. Il restait en effet encore, à cette date, dans la propriété, *«17 chevaux indisponibles pour trois semaines: 3 dans une écurie, 14 dans la prairie.»*

Le problème soulevé par ce personnage venait d'être exposé, quelques semaines plus tôt, dans le compte-rendu d'une tournée effectuée au Bec par un représentant des Beaux-Arts:

«Au terme de nos conventions, c'est Madame Veuve Legendre seule qui détiendra dorénavant les clés de l'abbaye. Et nulle personne ne sera admise à y pénétrer sans son autorisation.

Or, il se trouve que M. Neveu, ancien gardien pour le compte de la (sic) *G.N.A.V.I.B.E.C habite toujours un appartement de l'infirmerie. Notre administration devra donc intervenir auprès de la société pour qu'elle prenne des dispositions de nature à provoquer son départ.*

Nous avons été avisés que M. Neveu opposerait quelque résistance à l'invitation qui lui sera faite de partir.

Enfin, M. Bart nous a laissé entendre que la (sic) *G.N.A.V.I.B.E.C songerait peut-être à utiliser encore cet été quelques parties du Bec (nous n'avons pas réussi à savoir s'il s'agissait des bâtiments ou seulement des prairies) pour y installer un petit nombre de chevaux provenant du Danemark. Nous lui avons représenté que ce serait suivre là une bien mauvaise politique vis à vis de l'opinion...»*

Renseignements pris par les uns et par les autres, trois courriers parviennent successivement à la Direction des Monuments Historiques. Comme souvent, Marcel Delaunay "ouvre le feu" le 14 décembre 1947:

«De l'enquête qui vient d'être faite..., il résulte que le renvoi du ménage en question s'impose. Il a ... «perdu la confiance des honnêtes gens.»

C'est ensuite, le 2 février 1948, une lettre du Frère cellérier du Prieuré de la Vierge Marie, à Cormeilles-en -Parisis, qui déplore *«la réputation de ces occupants... assez universellement défavorable»,* refuse *«une cohabitation parfaitement déplacée»* et entend *«voir cesser une occupation des locaux incompatible avec les fins de notre location.»*

Enfin, le maire du Bec-Hellouin, consulté, confirme, le 13 février, la raison de la présence dans l'abbaye du sieur Neveu, ajoutant:

«Mais il ne semble pas que ce soit à un titre officiel quelconque.

Monsieur Neveu demeurait à l'hôtel avant d'être à l'abbaye.

Je ne pense pas qu'il serait possible, le cas échéant, de trouver un logement au Bec-Hellouin pour Monsieur Neveu.»

En revanche, l'Inspecteur des Monuments Historiques, Monsieur Taralon, ayant sollicité des renseignements auprès de la gendarmerie de Brionne, celle-ci rejette *«cette demande abusive»* le 20 février, *«...ayant le regret de l'informer que la Gendarmerie ne peut donner suite à une demande d'enquête qu'autant où celle-ci est prévue par un texte réglementaire.»*

Nonobstant, l'Inspecteur a déjà communiqué ses conclusions à sa hiérarchie, en déplorant que des particuliers logent encore à l'abbaye *«sans qu'on puisse exercer sur eux un contrôle.»*

«Il apparaît, d'autre part, que ce ménage est indésirable et que la population souhaite son départ. Comme M. Neveu et la personne qui vit avec lui n'ont aucun titre... leur renvoi n'est pas subordonné à la nécessité de leur trouver un logement équivalent... M. Neveu qui vivait à l'hôtel avant de s'installer à l'abbaye aura la faculté d'y retourner.

Dans ces conditions, il est inutile d'entreprendre avec lui des pourparlers qui n'auraient d'autre effet que de prolonger inutilement une situation qui n'a déjà que trop duré...

Il est à présumer que la crainte d'une intervention de justice sera sensible à M. Neveu et que nous ne serons pas contraints de recourir à [l'expulsion].»

Voire! Effectivement invité à *«libérer les locaux que vous occupez sans titre»,* avant le 10 mars 1948, faute de quoi une mesure d'expulsion serait ordonnée, le sieur Neveu se hâta lentement puisque, le 20 avril, le Ministre de l'Éducation Nationale peut encore s'étonner auprès du Préfet de l'Eure:

«Or il m'est signalé que M. Neveu est encore dans les lieux, s'étant borné à se transporter dans une autre partie de l'Abbaye.

Il ne vous échappera pas, qu'à un moment où la Direction de l'Architecture prend possession de l'Abbaye du Bec-Hellouin et s'apprête à faire procéder à des travaux importants de remise en état, je ne saurais tolérer que se prolonge plus longtemps une situation préjudiciable à la bonne présentation des locaux, ainsi qu'au prestige de mon Administration.»

Et, derechef, il ordonne qu'il soit notifié au récalcitrant que faute d'avoir évacué les lieux sous trois jours, la gendarmerie se chargerait de l'expulser...

A l'impatience manifeste de son supérieur, le Préfet ne peut répondre qu'en rappelant respectueusement une règle de droit que même un ministre ne peut transgresser!

«M. Neveu, même occupant sans titre, ne peut faire l'objet d'autre mesure que celle résultant de la procédure normale de droit commun, et la gendarmerie n'a pas qualité pour procéder directement aux expulsions.»

Le haut fonctionnaire s'empresse d'ajouter qu'il veillera, en revanche, à ce que les gendarmes assistent, en cas de résistance, l'huissier chargé d'exécuterl'ordonnance de référé que ne manquera pas de prendre le Tribunal civil de Bernay...

L'affaire va se conclure heureusement: en mars 1949, sur la chemise contenant le dossier *«Libération des locaux occupés par M. Neveu»,* une main anonyme inscrira avec soulagement: *«La question est maintenant liquidée, M. Neveu a quitté les lieux!»*

Il n'était en effet que temps: depuis moins de six mois, au terme de tant d'aventures, de drames, d'indignations, d'angoisses, la prière de Jean de La Varende venait de se trouver exaucée:

«Les moines apparaissent comme les mainteneurs logiques de ces Maisons qu'ils ont créées; ils y ajoutent par la beauté de leur liturgie, leur science et leur art; par leur seule présence. Toute tentative de reprise qui ne les comprendrait pas, n'arriverait qu'à exhiber, une fois de plus, des logis vides, des corps sans âme.

Fêterons-nous bientôt la renaissance, la recouvrance, de l'abbaye illustre, ... dans le cloître, reverrons-nous les coules des fils magnifiques de Saint Benoît?... pourrons-nous, au bord du ruisseau sacré, saluer des ombres rayonnantes et joindre les mains?

Aujourd'hui, 29° jour du mois de septembre 1948, l'abbaye est rendue aux bénédictins, aujourd'hui, leur première messe solennelle vient d'y être célébrée...» (12)

De fait, dans une Lettre pastorale adressée à ses diocésains à l'ouverture du Carême de 1948, Monseigneur Gaudron avait annoncé, avec émotion et jubilation, l'imminente "résurrection de l'abbaye du Bec". Evêque d'Evreux depuis 1930, il avait lui-même accueilli la nouvelle avec ce cri du coeur: *« Ah! c'est mon plus cher désir. Enfin!»* Il précisait dans son message que cet événement, longtemps espéré et plusieurs fois différé, constituait ce que lui-même avait toujours considéré comme devant être l'un des faits majeurs de son épiscopat.

« Dès avant la guerre, il avait fait tout son possible pour développer un mouvement d'opinion en ce sens... Lorsqu'après la dernière guerre... il apprit les tractations entre les Beaux Arts et la Communauté de Cormeilles-en-Parisis, il s'employa de tout son pouvoir à les favoriser.

Le Père Abbé et les anciens de Cormeilles se souviendront toujours de la visite qu'il leur rendit, de l'émotion et de l'enthousiasme avec lesquels... il leur parla du Bec..., de l'espoir que lui et tout son clergé plaçaient dans la renaissance de la vie monastique au Bec.

Mgr Gaudron assisté de Dom Grammont

Lorsqu'au terme de six mois de travaux, les bâtiments de la vieille abbaye eurent retrouvés un commencement de disposition à la vie conventuelle, le 29 septembre 1948 en la fête de saint Michel, Mgr Gaudron eut la joie d'accueillir solennellement au Bec la petite communauté des moines, accompagnée ce jour-là des moniales-oblates de Cormeilles. Au milieu d'une foule enthousiaste, entouré par un nombreux clergé, en présence des autorités dépar-

tementales et des représentants de l'Administration, il conduisit les moines de l'église paroissiale du Bec à l'intérieur de l'abbaye, dont l'ancien réfectoire était provisoirement aménagé en église; dans la ferveur et la joie qui se lisaient sur son visage, il célébra la première messe pontificale depuis plus de 150 ans.» (44)

Dans l'homélie qu'il prononca au cours de cette grandiose et émouvante cérémonie, le prélat, s'adressant à Dom Paul Grammont qui devenait le 46ème abbé du Bec, ne manqua pas de préciser: *« Cent-cinquante-six ans après le départ des moines, c'est un bien grand et bien lourd héritage que vous recueillez.»* (45)

Ainsi, de même que les chevaux avaient remplacé les moines, les moines, juste retour des choses, succédaient aux chevaux. Ceux-ci, à leur tour, et malgré les nombreuses traces de leur passage, dont certaines ne purent totalement disparaître, s'effacèrent progressivement dans le riche et contrasté passé de l'abbaye: *«on voyait encore* (écrit, dès 1950, le duc de Broglie) *il y a peu d'années, les stalles et les litières des chevaux remplacer, dans les grandes salles sculptées, le front studieux des moines.»*(31)

Une troisième étape de l'histoire de "l'illustrissime abbaye du Bec" s'ouvrait qui se prolonge depuis 50 ans. Avec émotion, l'"Ami du Bec" passionné, comme, avec admiration, le visiteur de passage simplement curieux, peuvent aujourd'hui mesurer l'étendue du "miracle" de la renaissance de ce joyau de Normandie et de Chrétienté. L'histoire de ce demi-siècle, lui aussi riche en personnalités marquantes et en événements nombreux, reste à écrire...

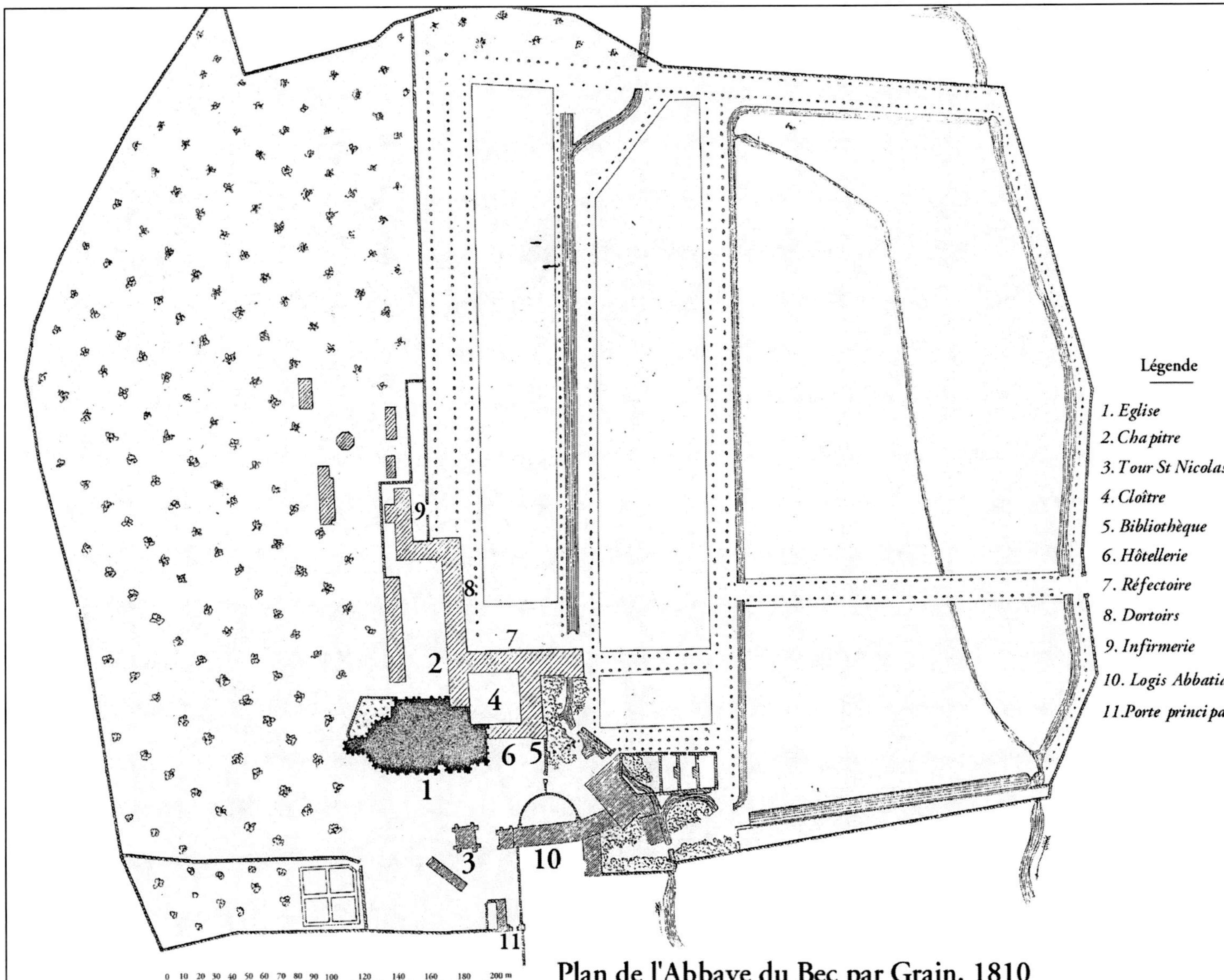

Plan de l'Abbaye du Bec par Grain, 1810

Annexe 1

Procès-verbal dressé à l'occasion de la remise de l'Abbaye du Bec au Ministre des finances.

Direction du Havre

Procès Verbal
de remise des Bâtiments
et dépendances de la
ci-devant Abbaye du Bec,

Le deux fructidor an dix de la République (20 Août 1802), en conformité de la décision du Ministre de la Guerre du vingt-cinq floréal (15 mai) dernier transmise par le premier Inspecteur Général du Génie au directeur des fortifications du Havre, au commissaire ordonnateur de la 15ème division militaire et au préfet du département de l'Eure, par une lettre du ministre des finances en date du 26 prairial (15 juin) suivant par laquelle il remet à ce ministre les bâtiments et dépendances de la ci-devant abbaye du Bec affectés jusqu'à cette époque à un dépôt de chevaux pour la remonte de la cavalerie et aussi en conformité de l'arrêté du dit préfet du seize messidor (6 juillet).pris sur. La lettre précitée qu'il sera dressé procès-verbal de l'état des dits bâtiments et dépendances en présence du commissaire des guerres et de l'office du génie et du receveur de la régie du domaine national.

Nous Ambroise Déjean, maire de la commune du Bec, faisant fonctions de Commissaire des Guerres au département de l'Eure, chargé par lui de le représenter dans cette opération, avons en présence des citoyens Jean Jacques Bourard, receveur de la régie national au bureau de Brionne, chargé de faire la reprise des objets ci-dessus au nom de la dite régie, et Jean Louis Champaigne, garde du génie à Evreux, désigné par le Capitaine chef du génie à Rouen pour en faire la remise le dit jour deux fructidor huit heures du matin, procédé à la visite et examen des dits objets ainsi qu'il suit.

1°/ La porte d'entrée que nous avons trouvée garnie de toutes ses ferrures et de la serrure en bon état.

2°/ nous avons remarqué que le bâtiment servant de logement au portier est construit en bois divisé en trois pièces à rez de chaussée, une chambre au premier étage et grenier au-dessus, que ce bâtiment est ancien et en mauvais état, excepté la couverture qui paraît avoir été nouvellement réparée.

3°/ qu'un ancien bâtiment en bois et torchis couvert de tuile, à usage de forge placé dans une petite cour près cette entrée et près la tour est ancien et un peu délabré, que le hangar placé en face est en meilleur état.

4°/ que le bâtiment en bois recouvert de tuile attenant d'un bout à la dite tour et de l'autre à l'église formant un côté de la tour d'entrée et dans lequel a été établi une écurie double, sans être d'une bonne construction n'est point en mauvais état.

5°/ que la tour en pierre nommée le beffroi, placée dans cette cour n'a éprouvé aucune dégradation.

6°/ qu'un petit bâtiment à usage d'écurie près la porte qui conduit au verger est en assez bon état.

7°/ que celui en face dans le mur de clôture à droite construit en bois et couvert en ardoises servant accessoirement de parloir est en bon état.

8°/ que la petite remise auprès, dont le dit mur de clôture forme un des côtés et dont le toit est en planches, est ouverte sur le devant et est aussi en bon état.

9°/ que dans l'église ayant servi de magasin au fourrage, il n'existe aucune clôture autour du choeur, qu'une partie du pavage dans la chapelle qui se trouve derrière est détruit, quelques uns des carreaux restant cassés et qu'à la partie inférieure des croisées du bas il n'y reste presque plus de vitrage.

10°/ qu'il n'existe aucune fermeture qui puissent empêcher l'entrée du cloître - à ce sujet le citoyen Legris faisant encore fonction de conservateur nous a déclaré que la grille en fer qui fermait cette entrée était déposée dans une cave où il nous a conduit et nous l'a représentée.

11°/ que les bâtiments d'habitation composant la maison conventuelle formant un carré dans le milieu duquel est le cloître et dont les côtés au nord et à l'est se prolongent au delà du dit carré, sont distribués à rez de caves, cuisines, offices, réfectoires, salles et salons et autres pièces; que dans le côté au midi une partie de la voûte de la cave est tombée depuis plusieurs années; que la chute a entraîné celle des planchers au-dessus; que le réfectoire dont le côté au levant, ayant été transformé en écuries, l'aire est en menues pierrailles et cailloux; qu'il n'y parait aucun pavés; que les vitrages de cette pièce ont beaucoup souffert de ce que les baies ont été murées, et qu'à ceux des autres pièces de ce rez de chaussée il manque beaucoup de carreaux; que la rampe en fer de l'escalier près la cuisine n'a éprouvé aucun dommage; qu'à celle de l'escalier au bout du réfectoire conduisant au grand dortoir il manque quatre panneaux; qu'à celle du grand et principal escalier près l'église il manque aussi quatre panneaux; qu'à celle du petit escalier dérobé près du logement du ci-devant prieur reste entière et sans avoir le moindre dommage; enfin qu'après avoir parcouru et visité les corridors et chambres de tous les étages de ces bâtiments, nous avons remarqué quelques dégradations aux carrelages en carreaux de terre cuite; qu'il manque vingt portes et trente serrures à celles existantes et environ un tiers des carreaux aux vitrages; que ceux des portes en fer ouvrant sur les balcons sont détruits en totalité; enfin que la plate-forme d'un de ces balcons en face des bûchers est couverte en plomb environ au tiers et que sur celle du balcon vers le parterre il n'y en a point du tout. Sur la demande faite au conservateur s'il y en avait existé, il nous a répondu affirmativement et nous a dit qu'ils avaient été pris pour revêtir les abreuvoirs en forme de mangeoires placés le long des bâtiments à l'extérieur.

12°/ que dans le bâtiment désigné sous le nom d'infirmerie formant retour d'équerre au bout de celui de l'orangerie, nous avons trouvé deux panneaux manquant à la rampe en fer du principal escalier et celle d'un autre escalier dans l'angle extrêmement endommagée; presque moitié des vitrages cassés et quelques dégradations aux carrelages en carreau de terre cuite; qu'il manque dix portes à ce bâtiment et vingt serrures.

13°/ que le bâtiment élevé parallèlement à celui de l'orangerie et au côté du cloître au nord désigné sous le nom de bûchers maintenant à usage d'écurie est en très bon état.

14°/ que les croisées du bâtiment en pierre de taille dans la 1ère cour des salles, à usage de boulangerie, composé de deux pièces à rez de chaussée, sont en partie cassées et en mauvais état.

15°/ que l'escalier du bâtiment à usage de laiterie situé dans la même cour n'est pas très bon; que les croisées nous ont paru très anciennes et peu solides; que trois portes n'ont point de serrures.

16°/ qu'au mauvais bâtiment en bois et torchis couvert en paille, divisé en trois parties ayant servi d'étable à porcs, il n'existe aucune porte.

17°/ que le bâtiment servant autrefois de grange, maintenant à usage d'écurie, est ancien, de mauvaise construction en bois et torchis couvert en paille; qu'il n'y existe ni plancher ni porte d'entrée; qu'il s'en va par vétusté.

18°/ que la bâtiment à usage de cave, pressoir, etc. est également construit en bois et torchis, qu'il est ancien et n'est pas en très bon état, excepté la couverture qui paraît nouvellement réparée; qu'il manque une porte à la cave; que celle du pressoir est mauvaise; que ce pressoir est garni d'un tour avec sa meule, de son étringuant avec tablier, traverses, brochets, billots et sommier et de deux cuves; enfin que les pièces à côté n'ont point de portes.

19°/ que le colombier construit en bois avec blocage en maçonnerie sur un soubassement en pierre de taille et moellon est en assez bon état excepté la couverture qui est détruite dans quelques parties.

20°/ que dans la dite cour des salles ou plutôt le grand verger, il existe une très grande et belle cave sous terre, voûtée en pierre de taille, divisée en quarante sept caveaux; que l'on nous a dit être en bon état.

21°/ que le bâtiment en bois couvert en tuile servant anciennement de hangar couvert pour les travaux de construction et maintenant à usage d'écurie avec plancher audessus est en bon état excepté une des baies d'entrée au bout où il ne reste qu'un vantail de la porte.

22°/ que le corps de bâtiment désigné sous le nom de voûtes et dans lequel se trouvent les greniers qui servaient pour l'approvisionnement de la maison est effectivement voûté sur tout le rez de chaussée; qu'il a été établi des écuries sous ces voûtes; que ce bâtiment nous a paru en bon état excepté quelques portes des écuries; que sous une de ces voûtes se trouve le moulin à blé de cette maison, mu par l'action de l'eau; que le défaut d'activité et d'entretien ont réduit dans le plus mauvais état.

23°/ que le bâtiment entre celui ci-dessus et la maison abbatiale, partie en hangar et partie en écurie est en bois et couvert en tuile. Ce bâtiment est ancien et de mauvaise construction, ce qui nous le fait considérer en mauvais état.

24°/ que dans le bâtiment à la suite de celui dit des voûtes, il *y* a un pressoir à deux étringuants dont une avec son tablier; le tout est en pierre avec une meule en bois; qu'il manque une porte à ce bâtiment; que le surplus est en bon état.

25°/ que dans la cour dite de la teinturerie il existe un hangar dont le comble est porté d'un côté sur le mur de clôture, de l'autre sur des poteaux en bois; que la couverture de ce comble est en paille et aurait besoin d'une forte réparation.

26°./ que le long d'un des côtés du grand jardin, il en existe quatre petits fermés par des murs en torchis garnis d'espaliers; dans chaque jardin est élevé un petit bâtiment en bois couvert en tuile, le tout en bon état.

Visite généralement faite de tous les bâtiments, nous avons reconnu que le mauvais état de plusieurs provient en partie du défaut d'entretien et de l'état de vétusté où se trouvent quelques uns de ceux dispersés dans les cours et vergers.

Passant ensuite à celle des terrains lesquels consistent:

1°/ en une allée dite l'allée de Bourdaine

2°/ en une prairie contenant huit hectares

3°/ en une allée dite l'allée des cerisiers

4°/ en une pièce de luzerne ci-devant le jardin légumier

5°/ en une autre pièce située devant le bâtiment de l'orangerie et celui formant le côté du cloître au levant nommée le parterre.

6°/ enfin un grand verger contenant douze hectares, planté dans toute son étendue d'arbres fruitiers; dans l'évaluation de la surface sont compris les espaliers au pourtour et le jardin Brancar.

Tous les terrains ci-dessus et ceux sur lesquels sont élevés les bâtiments sont enclos de murs, en caillou avec mortier de chaux et sable; ces murs, quoique l'entretien en ait été négligé depuis longtemps, sont à quelques réparations près en état et forment autour du local une clôture solide et difficile à escalader.

Il résulte de l'opération ci-dessus que de ce moment tous les objets détaillés au présent sont généralement remis dans l'état où ils se trouvent, à la régie du domaine national, à la réserve de tous les râteliers et mangeoires qui existent dans les bâtiments, lesquels forment ensemble une longueur de trois cent soixante quatre mètres, plus quarante quatre mètres de mangeoires doublées en plomb servant d'abreuvoirs; trois tables propres au casernement de 1,70 de long sur 0,60 de largeur; en neuf bancs de caserne dont quatre en mauvais état sur lesquels trois sont démontés; tous ces bancs ont environ 1,50 m de long chacun. Tous ces objets ont été réclamés au nom du département de la guerre par le citoyen Champaigne, garde du génie, qui nous a requis d'en faire mention au présent.

Donc de tout ce que dessus nous avons fait et rédigé le présent procès-verbal pour servir de valoir ce qu'il appartiendra en présence des citoyens y désignés qui ont signé avec nous après lecture.

Au Bec, les mêmes jours, mois et an que dessus

Signés Champaigne, Bourard et Déjean Maire

Sous copie conforme

Le Capitaine du Génie ....Delapalme

Vu par le directeur du forti ...Lenorment

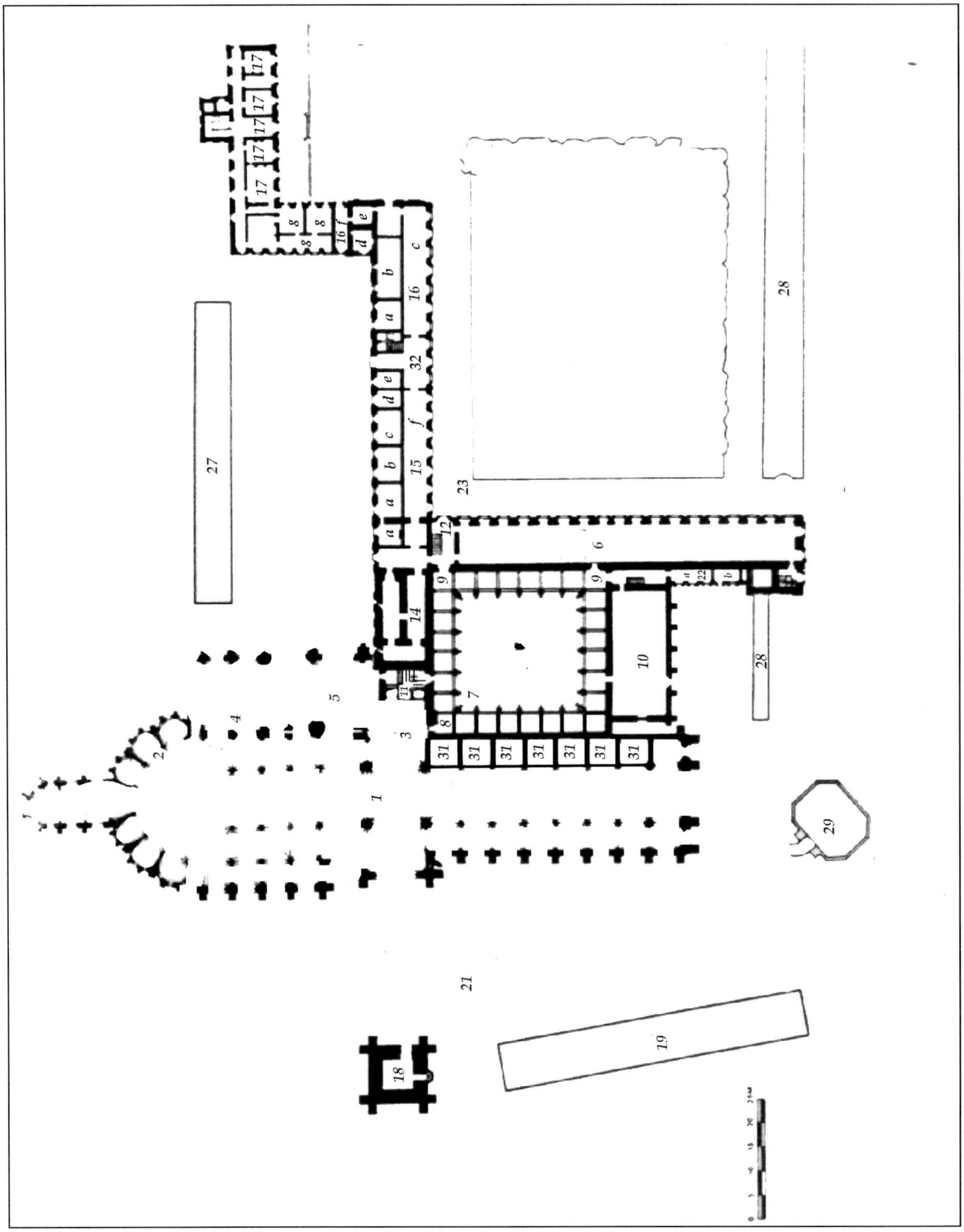
1
2
3
4
5
6
7
8
9
10
11
12
14
15
16
17
18
19
21
22
23
27
28
29
31
32

Annexe 2

Plan annoté et commenté par M. Serge Duret, ancien maire du Bec

Les locaux du Quartier Burcy

1-2-3-4-5 Ruines de l'ancienne église abbatiale
6- Ecuries (réfectoire de l'ancienne abbaye)
7-8-9- Le cloître : écuries sur tout le pourtour
10- Cet emplacement avec écuries sur le pourtour fut d'abord le manège des chevaux. le manège fut ensuite installé à l'extérieur
11- Escalier non utilisé
11bis- Dépôt de matériel pour le dressage des chevaux
12- Escalier de desserte des étages
13- Escalier privé (logement de l'adjudant chef à l'étage)
14- Cave pour la troupe et réserves de matériel (fers à chevaux, piquets de fer, etc.)
15a- La "maréchalerie" (ferrage des chevaux)
15b- Pharmacie vétérinaire
15c-d-e- Garage des trois moto-pompes à bras
15f- Ecuries
16a- Garage du capitaine
16b- Ecurie du cheval du capitaine
16c- Ecuries
16d- Dépôt de charbon de forge
16e- Bassin - Réserve d'eau avec bélier
16f- Réserve aux légumes: les "peluches"
16g- Les cuisines
17- Pièces réservées: dépendances du capitaine
18- Tour Saint-Nicolas
19- Ancien logis abbatial (propriété privée)
20- Petit porte condamnée (ancienne entrée de l'abbaye)
21- Manège extérieur
22a- Cave et bûcher de l'adjudant-chef
22b- Dépôt de chaux pour le blanchiment des locaux
23- Cour plantée de tilleuls
24- Magasin à fourrages
25- Bascule
26-27- Ecuries

28- Ruisseau du Bec

29- Le "rond" (traitement des pieds des chevaux)

30- Entrée du quartier Burcy

31- Ecuries sous appentis. (boxes pour chevaux malades)

32- Douches pour la troupe

On ne pénétrait pas dans la caserne à moins d'y être autorisé. Une visite des locaux, constamment blanchis à la chaux, aurait permis de se rendre compte des transformations subies par les diverses salles de l'ancienne abbaye afin de les adapter à l'accueil de la troupe et à celui des chevaux.

Replaçons-nous dans les années 30 et visitons les lieux:

Au rez-de-chaussée, toutes les grandes salles ainsi que le pourtour du cloître ont été aménagés en écuries. Comme on ne dispose pas encore de suffisamment de place, on est même allé jusqu'à en créer une autre sur le devant extérieur du cloître, côté entrée du quartier Burcy. Il est vrai que cette écurie est réservée aux soins des chevaux malades.

Partout dans ces écuries, des râteliers, des mangeoires, des auges sont fixés aux murs et le sol est recouvert de pavés cubiques. Les boxes des animaux sont séparés par des bat-flancs et les ruades sont nombreuses. Aussi les gardiens veillent-ils jour et nuit près des bêtes.

L'emplacement n° 10 du plan (ancien immense cellier au 13ème siècle) était également aménagé en écuries sur son pourtour. Au centre était installé le “manège” pour le dressage des chevaux, mais comme il y eut bien des accidents parmi les Nord-Africains (membres cassés particulièrement), on en vint à installer le manège à l'extérieur non loin de la tour Saint-Nicolas (n°21).

Les autres pièces du rez-de-chaussée servaient aux divers dépôts de matériels et produits nécessaires à l'entretien des animaux (maréchalerie, pharmacie, matériel de dressage, charbon de forge...).

Une pièce servait à entreposer la chaux car, plusieurs fois par an, les hommes passaient tous les murs au blanchiment. Une autre pièce était utilisée comme remise des trois moto-pompes à bras.

Pour l’intendance de la troupe, on trouvait la cave (n° 14), la réserve aux légumes dite “les pluches” (n° 16 f), la réserve d’eau par bélier (n° 16 e), les cuisines (16 g), les douches (n° 32). Quelques autres pièces servaient de dépendances au capitaine et à l’adjudant-chef.

Extérieurement aux corps principaux de bâtiments, on trouvait encore le magasin aux fourrages flanqué d'écuries supplémentaires et la bascule ; un homme du village employé comme "préposé aux fourrages" tenait les comptes des arrivages et des sorties.

A l'étage sont situés les logements du personnel d'encadrement adjudant-chef, maréchal-ferrant, capitaine.

On notera que les logements des deux premiers chefs se situent audessus de la longue écurie principale (c'est-à-dire du réfectoire de l'ancienne abbaye devenu actuellement l'église du monastère).

Au-dessus de cette longue écurie principale, on trouve également l'infirmerie de la troupe.

Les dortoirs sont aménagés dans le corps de bâtiment perpendiculaire (n° 38 et 39)

Les autres pièces servent d'entrepôts aux matériels plus délicats: magasin de l'habillement ; couvertures, draps, lingerie ; bourrellerie, harnais ; lits, sommiers, matelas.

Les réserves alimentaires sont emmagasinées un peu plus loin.

Juste à côté se trouve un atelier de réparation des tenues et uniformes où travaillent une ou deux personnes du village.

Deux prisons existent à l'étage: l'une de "simple police", l'autre pour fautes graves.

Toutes ces dernières pièces qui surplombent la "cour d'honneur" comportent encore trois bureaux : celui du maréchal-ferrant (n° 43), celui de l'adjudant-chef (n° 44), celui du capitaine.

Bien entendu, à la porte d'entrée du quartier Burcy, adossé extérieurement au mur du «corps de garde» (petit bâtiment actuel d'entrée de l'abbaye), un planton avec chéchia se tenait dans la guérite.

Annexe 3

A l'aide de l'ouvrage de Francois Vauvilliers, « Les uniformes de l'armée française, 1939-1940», on peut fournir quelques renseignements sur les grades et le corps d'armée photographié ci-contre en 1934 et 1938.

« *La présence de soutaches, au nombre de deux, sur les écussons de col de vareuses, caractérise les unités combattantes* ... [mais] *ce principe est transgressé par les cavaliers de remonte et d'école.*»

« *Ecusson bleu foncé à chiffre gris clair, ou garance pour les compagnies du Maroc. Sur l'écusson de la tenue de sortie (depuis 1935), les soutaches gris clair ne se justifient pas. La distinction des képis selon le stationnement des unités est établie pour les cadres depuis 1932: bandeau bleu ciel ou bleu foncé selon le cas, ce dernier étant aussi porté en France.* C'est le cas pour les képis de l'adjudant Legendre et du maréchal des logis Souk (respectivement 5ème et 7ème du premier rang en partant de la gauche).

« *Cavaliers de remonte en Algérie et Tunisie - personnel français (depuis août 1929): tenue de sortie d'avant-guerre - veste en drap bleu foncé* (c'est probablement le cas pour les trois cadres de la photo), *collet de même, pattes de collet en drap garance à chiffre bleu foncé, galons d'ornement et de grade écarlates. Culotte garance à passepoil bleu foncé.*» (Au Maroc, Français et Indigènes portaient depuis 1935 la grande tenue des spahis marocains à l'exception des pattes de collet).

Sauf le brigadier Zerkaoui (3ème du premier rang en partant de la gauche), tous semblent porter des jambières de cavaleries modèle 1921. Les hommes de troupe doivent être dotés d'effets bleus horizon, mais le galonnage des manches pointu et refermé à 55° date la photo comme postérieure à 1928. Certains ont encore le collet droit du style Grande Guerre. Le brigadier Zeroual (4ème du premier rang en partant de la gauche) a une vareuse de cadre d'une nuance plus foncée; ce doit être le cadeau d'un de ses chefs quand il a perçu sa veste bleue foncée. Tous les cavaliers algériens sont coiffés de la chéchia réglementaire et les métropolitains du bonnet de police dont ils ont enfoncé les pointes passées de mode. Les écussons doivent être, comme on l'a vu plus haut, bleus foncés à chiffres gris clair. Un des soldats au deuxième rang a des écussons clairs où l'on peut lire 29 ou 39 avec deux soutaches.

Le capitaine Dupas (1er rang au centre) est un vétérinaire. Il en porte donc les insignes: képi à bandeau brun sans numéro ni broderie, coiffe garance; les écussons de collet sont bruns brodés de feuilles de sauge argentées. Le galonnage des vétérinaires militaires est comme celui de toutes les troupes montées, à savoir d'argent.

Les deux sous-officiers portent comme attribut de collet et de képi une grenade d'argent sur fond bleu foncé. Le maréchal des logis porte sur la manche gauche l'attribut de fonction des maréchaux-ferrants, probablement argenté.

Sources et notes.

(1) Sources manuscrites, dactylographiées ou journalistiques:

a) Registres des délibérations du "Corps" puis "Conseil" municipal de la commune du Bec-Hellouin, années 1789 à 1948.

b) Archives départementales de l'Eure, "le Dépôt du Bec", série 27R, liasses 6,7,8 et série 7M, liasses 192, 193.

c) Archives Nationales, Médiathèque du Patrimoine, Archives de la Commission des Monuments Historiques, "Dossier de Restauration de l'Abbaye du Bec-Hellouin", carton 776.

d) Archives Nationales, rapports d'inspection des inspecteurs généraux des Haras, années 1808 à 1828, sous-série F 10, cartons 725 et 1003.

e) Journal "Le Brionnais", années 1871 à 1942.

(2) Jacques GENDRY, "Un entracte hippique", article paru dans la revue "Plaisirs équestres", juin-juillet 1986

Ce document m'a été aimablement communiqué par le Frère Henri-Louis que je remercie ici.

(3) En règle générale, je me contentais de résumer l'épisode en deux phrases bien simplificatrices. La première se plaçait en début de visite, lors des évocations historiques : *"La Révolution ayant entraîné la confiscation de l'abbaye par l'Etat et l'expulsion des moines, une caserne de cavalerie (sic) occupa les lieux de 1792 à 1940: en lieu et place des chants grégoriens et des nuages d'encens, il fallut s'accoutumer à des bruits et odeurs bien différents!"* .

La seconde allusion intervenait vers la fin du circuit avec le rappel des écuries qui avaient occupé l'emplacement de l'église et du cloître actuels: *"Si les militaires ont, sans doute, beaucoup profané et dégradé l'abbaye, ils n'en n'ont pas moins contribué à sauver le gros-œuvre des bâtiments qui, sans cela, auraient probablement subi, comme à Jumièges, le sort de l'ancienne église abbatiale: la carrière de pierres..."*.

Il me souvient qu'en diverses occasions cette dernière phrase eut l'heur de fort satisfaire tel officier de nos amis... et sans doute d'autres visiteurs!

Cependant Monsieur Yvan Christ a eu un point de vue bien plus sévère: *"l'armée, dit-on, en occupant châteaux et abbayes, les a protégés d'une destruction complète... Certes, mais au prix le plus lourd et à la condition expresse de pouvoir démolir tout ce qu'elle jugeait incompatible avec les impératifs militaires... "les fonds du ministère de la guerre [ne pouvant] en aucune façon subvenir aux frais qui seraient la conséquence de préoccupations architecturales."* (16)

A vrai dire, en contradiction forte avec cette opinion, plusieurs des artisans de la renaissance du Bec ont exprimé un avis nettement plus indulgent:

"En ce qui concerne l'Abbaye du Bec-Hellouin, je sais gré aux militaires de l'avoir protégée; elle est bien entretenue, magnifique..." (Edouard Herriot, Président de la Chambre des députés, discours en août 1937).

"...il faut reconnaître que l'Armée,..., l'entretenait [l'abbaye] dans les meilleures conditions possibles avec des moyens de fortune" (Marcel Delaunay, Président de la Société des Amis des Monuments et Sites de l'Eure, lettre à Edouard Herriot, 7 août 1946)

"Sous la règle du Ministère de la Guerre, ..., il est juste de reconnaître que le domaine fut, en général, à peu près bien entretenu grâce au bon goût de quelques-uns des officiers qui y étaient en résidence" (Perrot-Belvaux, journaliste, article paru dans le journal "Normandie", 14 mai 1947)

Quant à l'article de Paul d'Ones, publié le 29 août 1937 par le journal "Le Brionnais", c'est un véritable hymne à la gloire des militaires du Bec!(7)

Somme toute, il semble équitable de considérer avec intérêt l'argument de nombreux témoins oculaires qui font valoir que les pires dégradations, mutilations, pillages, intervinrent après 1940, l'abbaye étant occupée par l'envahisseur puis par les libérateurs, puis laissée quasiment à l'abandon...

(4) Faut-il rappeler que c'est ainsi que l'on doit nommer les habitants du village du Bec-Hellouin?

Ce nom qui signifie "le ruisseau d'Herluin" a une étymologie d'origine normande (c'est-à-dire, ici, viking), un bec étant un petit cours d'eau.

(5) Bulletin de l'Association "Les Amis du Bec-Hellouin", n °112 de décembre 1995, page 28.

Le problème semble en effet de taille, tout au moins pour ce qui est des archives strictement militaires: m'étant rendu au Fort de Vincennes pour consulter, après d'autres, les archives du Génie, je n'ai pu y examiner, en tout et pour tout, que deux plans datant de la fin de la Monarchie de Juillet.

Les liasses relatives au Bec possédées par les Archives Nationales et par les Archives Départementales de l'Eure concernent presque essentiellement la période du dépôt d'étalons (1806-1833). Les cartons des Archives de France ont été judicieusement utilisés par Messieurs Gendry (2) et Pouessel (15). Le chanoine Porée (6) semble avoir surtout consulté les liasses conservées à Evreux.

J'en ai, pour ma part, extrait nombre d'informations qui me paraissaient dignes d'intérêt mais qui n'entraient pas dans la conception que ces auteurs avaient eue de leur travail.

En revanche, j'ai eu la chance de pouvoir abondamment me plonger dans deux fonds riches d'informations inédites de toutes sortes...

- la série des registres des délibérations du "Corps" puis "Conseil" municipal de la commune du Bec-Hellouin, couvrant la période 1789-1948, véritable mine de renseignements.

- le carton 776 du "Dossier de restauration de l'abbaye du Bec-Hellouin" (Archives de la Commission des Monuments Historiques) à la Médiathèque du Patrimoine des Archives Nationales.

Paradoxalement, ce qui arrangeait bien mes affaires dans la mesure où, justement, je n'entendais pas évoquer la restauration du Bec après 1948, ce carton contient, en vrac, il faut le reconnaître, une grande quantité de documents, relatifs, pour l'essentiel, à la période de la III° République.

J'ai également pu consulter une collection presque complète du journal "Le Brionnais" (années 1871 à 1942) qui se trouve dans la bibliothèque de l'abbaye.

Cette source s'est révélée riche en anecdotes souvent pittoresques.

(6) Chanoine André POREE (1848-1939), *Histoire de l'Abbaye du Bec*, 2 volumes, Evreux, 1901 (réédition, Bruxelles, 1980).

Il va de soi que je n'ai pas repris ici le détail des descriptions relatives aux inventaires et destructions matérielles de la période révolutionnaire qui figurent dans cet ouvrage. On s'y reportera, comme toujours avec profit, au chapitre XXIV du tome II.

(7) Paul d'ONES, *"L'occupation militaire de l'Abbaye du Bec-Hellouin"* , article du 18 août 1937 publié dans le journal "Le Brionnais", 29 août 1937.

Ce document est sans conteste, et de très loin, le plus favorable à l'Administration militaire qu'il m'ait été donné de découvrir.

(8) *"Le Bec le riche, Jumièges l'aumônier, Grestain le gourmand, Saint-Wandrille le putassier"* énumérait, à la fin de l'Ancien régime, un irrévérencieux dicton.

Il en était un autre, plus connu et fréquemment repris, sous des formes diverses:

"De quelque côté que le vent vente, l'abbaye du Bec a rente."

"De tel côté que le vent vente, à l'abbé du Bec on fait rente."

(9) Victor-Emile VEUCLIN, *Fin de la célèbre abbaye du Bec-Hellouin*, 1885

(10) La remonte consistait à pourvoir les unités de cavalerie en assurant au préalable le "débourrage", ou premier dressage, des jeunes chevaux.

La chose peut, par exemple, s'exprimer ainsi: après la campagne de 1806, en Prusse, Napoléon Ier, pour compenser les pertes, fit remonter ses régiments de cavalerie avec des chevaux prélevés dans les régions occupées.

(11) Gérard GUILLOTEL, *Les Haras nationaux*, volume I, 1985.

(12) Jean de LA VARENDE, *L'abbaye du Bec-Hellouin*, 1966.

(13) J'ai pu utiliser la photocopie de ce document grâce à l'obligeance du Frère Antoine, bibliothécaire de l'abbaye, qui se l'était procurée à l'occasion d'une recherche personnelle antérieure. On en trouvera le texte intégral à l'annexe I.

Dans *Le Génie du Christianisme* qu'il publie justement en cette année 1802, Chateaubriand déplore la désolation d'une autre illustre abbaye: *"...Saint Denys est désert, l'oiseau l'a pris pour passage, l'herbe croît sur ses autels brisés; et au lieu du cantique de la mort qui retentissait sous ses dômes, on n'entend plus que les gouttes de pluie qui tombent par son toit découvert, la chute de quelque pierre qui se détache de ses murs en ruine ou le son de son horloge, qui va roulant dans les tombeaux vides et les souterrains dévastés".*

(14) L. BONNEVILLE de MARSANGY, *Histoire de la Légion d'Honneur*, 1900 (réédition, Paris, 1982).

(15) Jean POUESSEL, *"Le dépôt d'étalons du Bec-Hellouin (1806-1833)"* , communication sur le thème "Le cheval en Normandie" parue dans la revue Annales de Normandie (Actes du XXVIIIè congrès, octobre 1993, des Sociétés historiques et archéologiques de Normandie), 1996

(16) Yvan CHRIST, *"Passion et résurrection de l'Abbaye du Bec Hellouin"* , article paru dans le n°85 de la revue "Jardin des Arts", décembre 1961.

Le détail des destructions d'un certain nombre de bâtiments anciens est précisé dans l'ouvrage du Chanoine Porée, tome II, chapitre XXIV.

(17) Chanoine André POREE, *"Un voyageur anglais... au Bec-Hellouinen 1818"* , Communication à la Société libre d'Agriculture...de l'Eure, 1911, publiée dans le journal "Le Brionnais" du 25 juin 1911.

(18) L'adjudication consiste pour l'Etat à mettre en concurrence, pour un marché précis, différents entrepreneurs (s'il s'agit de travaux) ou fournisseurs (s'il s'agit, par exemple, d'un achat de fourrages), de façon à obtenir le coût le plus avantageux pour lui; le cahier des charges est ensuite imposé rigoureusement à l'adjudicataire. Il peut tout aussi bien, à l'inverse, y avoir vente par adjudication des *"...fumiers provenant dudit Etablissement, pendant l'année 1880..., ainsi que des dépouilles des chevaux..., morts ou abattus, pendant l'année 1880..."*. (1-e)

En cas d'adjudication "au rabais", l'Etat, en outre, fixe préalablement, sans le divulguer aux candidats au marché, le montant maximum du coût au-delà duquel il n'entend pas aller. Le but recherché est évidemment le même que ci-dessus!

Il y eut, par exemple, le 16 décembre 1898, adjudication au rabais pour l'achat *"de la viande, pain de soupe, épicerie et légumes nécessaires aux ordinaires des cavaliers de la Ière compagnie de remonte détachés à l'annexe, pour un effectif moyen de 50 hommes"*. (1- e)

L'"attachement" s'applique particulièrement aux travaux sur bâtiments; il consiste à régler par tranches successives le coût de ces travaux au fur et à mesure du constat de leur état d'avancement. Cette méthode est évidemment moins rigoureuse et financièrement plus incertaine pour le maître d'ouvrage puisqu'il est relativement à la merci des impondérables prétextés par l'entrepreneur.

(19) La morve ou gourme est une maladie contagieuse des équidés, souvent mortelle, due à un bacille produisant des ulcérations des fosses nasales. Elle est transmissible à l'homme. Les animaux atteints sont normalement isolés puis abattus.

Un plan manuscrit de 1846 indique bien, à l'emplacement d'une ancienne laiterie édifiée peu avant la Révolution et dont les vestiges subsistent à côté de l'atelier des plâtres de la Communauté, un bâtiment E qualifié d'*"écurie des chevaux morveux"*.

Bien plus tard, entre les deux guerres mondiales, des boxes pour chevaux malades seront installés sous appentis entre les culées extérieures du cloître.

Un cas de morve est fort bien exposé au cours de la séance du 21 floréal an II (9 mai 1794) du "Corps municipal" du Bec-Hellouin: Le citoyen Jean-Baptiste Le Blé, qui venait d'acheter une jument à la foire de Bourgtheroulde, s'indigna de constater que *"cette cavalle était attaquée de vices rédibitoires* (sic) ".

On sollicita l'examen de l'animal par les citoyens Lallemand, *"artiste vétérinaire"* du dépôt de remonte, et Beauvallet, *"maréchal expert"* de la commune, lesquels déclarèrent *"que la dite jument jetait considérablement par les deux naseaux, l'humeur qui en découle est verdâtre, qu'ils ont observé de plus la membrane pituitaire* boursouflée, tuméfiée et chancrée; les glandes observées sous la ganache** adhérentes, dures et très douloureuses; lesquels ont reconnu unanimement ladite jument atteinte et convaincue morveuse et irrévocablement perdue"*.

Il fut alors décidé *"pour l'intérêt public que la dite jument va être tuée à l'instant..."*.

* muqueuse qui tapisse les fosses nasales jusqu'au pharynx; elle est le siège de l'odorat.

** région située au contour de l'os de la mâchoire inférieure du cheval.

(20) *"Ossements de l'illustrissime impératrice Mathilde, découverts en dessous du maître-autel le 2 mars 1684, déposés en ce même lieu les mêmes mois et année"*.

"L'impératrice Mathilde", puissante princesse apparentée aux rois anglais Plantagenêts du XII°s., avait épousé en premières noces l'empereur germanique Henri V et fut inhumée au Bec en 1167. Ses ossements allaient connaître différents avatars au cours des siècles...

Tout le passage *"on lisait... eodem mense et anno"* est purement et simplement copié dans l'ouvrage du Chanoine Porée (tome II, page 416). Le procédé était fréquent, il n'y a guère, qui consistait à utiliser des travaux historiques antérieurs, parfois fort érudits, comme ici, sans prendre le moins du monde la peine de citer ses sources! Je l'ai plusieurs fois repéré au cours de mes recherches.

(21) Outre les informations fournies par le Chanoine Porée et les archives municipales et départementales, j'ai pu compléter cette biographie grâce à l'aimable obligeance de Mademoiselle Anne De Groote, actuelle propriétaire du "Moustier" que je remercie vivement ici.

(22) Michel NORTIER, *"Les origines de la Congrégation de Mont-Olivet..."*, Bulletin de L'Association "Les Amis du Bec-Hellouin", n ° 115 de septembre 1996, page 23.

(23) En voici le texte complet: *"ABBAYE DU BEC, DE L'ORDRE DE SAINT BENOIT, FONDEE PAR HERLUIN EN 1034- Des Ecoles célèbres dans tout l'Occident y furent dirigées par Lanfranc et saint Anselme. L'hospitalité des Religieux fut large, leur charité inépuisable. Leur science égala leur piété. L'impératrice Mathilde fut inhumée dans l'Eglise en 1167. Saint Louis y séjourna en 1256. L'Abbaye, fortifiée en 1356, pillée par les Anglais en 1421, fut restaurée par l'abbé Geoffroy d'Epaignes en 1453. Elle adopta la Réforme de Saint Maur en 1626 et jeta un dernier éclat dans les lettres. Elle fut supprimée en 1790."*

(24) En note, il évoque encore une «*Pétition adressée à la Chambre des députés par la Société libre d'agriculture de l'Eure (section de Bernay) pour le rétablissement du dépôt de remonte du Bec-Hellouin, février 1894*» (op.cit., t.II, p.564.)

(25) C'est également de cette époque que datent de nombreux graffitis que l'on peut, aujourd'hui encore, essayer de déchiffrer et dont quelques-uns des plus significatifs sont reproduits dans cet ouvrage. S'agissait-il, pour des jeunes conscrits, de simplement remplir les temps morts de l'emploi du temps ou bien, certains, saisis, peut-être malgré eux, par la grandeur des lieux, aspirèrent-ils à laisser une trace de leur modeste et fugace passage au travers des siècles et des pierres?

L'un de ces jeunes gens, le dragon Albert Dewerdt, natif de Tourcoing, a accompli ce qu'il fallait pour mériter qu'on lui consacre ici quelques lignes: outre son graffiti qui s'étale

En 1851, le soldat Delcourt grave le symbole du 2° Régiment de lanciers

"Vive Paris" inscrivent les soldats Barbancé et Boule, sous le profil d'un élégant oiseau, sur un des piliers du cloître.

orgueilleusement, depuis 1903, à l'extrémité ouest des culées extérieures du cloître, il fut cité à deux reprises dans les articles que le journal «Le Brionnais» consacra, les 24 décembre 1905 et 31 mars 1907, aux soirées théâtrales du dépôt.

On y louait sans réserves les divers talents qui lui permirent tant d'interprêter romances et chansons patriotiques que de jouer avec brio le rôle d'un jeune "vicomte de la Tour Penchée" dans une comédie militaire intitulée «Loriot».

(26) Hervé ROTROU-LANGRENAY, *Brionne et ses environs*, Collection «Mémoire en images», Editions Alan Sutton, 1996, pages 69 et 70.

(27) J'ai naturellement respecté "l'orthographe"et le "style" des auteurs de ces documents.

(28) Il semble cependant que le classement réglementaire de l'entrée de l'abbatiale à l'Inventaire supplémentaire des Monuments Historiques ne soit intervenu que le 3 février 1928. Le logis lui-même sera classé Monument Historique en 1963.

(29) Cette prison se trouvait dans une pièce voûtée du XVIIIème siècle située juste au-dessus des écuries et à l'entrée d'un couloir accessible par le premier palier de l'ancien escalier de matines. C'est aujourd'hui la petite salle de musique de la Communauté. Le désoeuvrement et la rancoeur des punis y ont laissé quelques traces...

Notons, pour être précis, que Serge Duret signale : *«Deux prisons existent à l'étage: l'une de simple police, l'autre pour fautes graves.»* (30)

(30) Serge DURET, *"Village et abbaye avant le retour des moines"*, entretien avec le Frère Jean-Marie, Bulletin de l'Association «Les Amis du Bec-Hellouin» n ° 83 de septembre 1988, pages 14 à 20.

Graffiti sur un des murs de la prison.

J'ai pu utiliser complémentairement le texte manuscrit original de Monsieur Duret grâce à l'aimable obligeance de son épouse que je remercie vivement ici.

(31) Duc Maurice de BROGLIE, "L'Abbaye du Bec-Hellouin", article paru dans «La Revue Littérature, Histoire, Arts et Sciences des Deux Mondes», 1950.

(32) ANONYME, *"Monsieur André Join Lambert"*, Bulletin de l'Association «Les Amis du Bec-Hellouin» n°20 de décembre 1966, pages 4 et 5.

(33) Marcel BAUDOT, *"Les amis de l'histoire et de l'art de Haute-Normandie..."* , Bulletin de l'Association «Les Amis du Bec-Hellouin» n ° 83 de septembre 1988, page 8.

(34) Paul-Emile CADILHAC, *"Splendeurs et misères d'un patrimoine français, le Bec-Hellouin "* , article paru dans le n°4704 de «L'Illustration» du 29 avril 1933.

(35) Sans doute est-ce le moment de rappeler que ces deux éminents hommes politiques, ancien ou futur Présidents du Conseil, qui intervinrent sans relâche en faveur du Bec jusqu'au succès final, appartenaient tous les deux au Parti Radical-Socialiste, vivier incontestable de républicains de valeur mais aussi de francs-maçons et d'anticléricaux.

Il n'est que plus admirable de souligner qu'également humanistes authentiques, ils n'hésitèrent pas, en 1948, à appuyer sans réserves la réinstallation au Bec d'une communauté monastique, hypothèse, les documents consultés l'attestent absolument, que nul n'avait officiellement envisagé avant la II° Guerre mondiale...

Cela dit, cependant, sur ce dernier point, je tiens de bonne source que peu d'années avant sa mort, intervenue en 1938, et alors qu'il pressentait une guerre imminente, l'adjudant Legendre aurait confié, sous le sceau du plus grand secret, aux aînés de ses enfants, après avoir été en contact avec diverses personnalités éminentes, malheureusement non identifiées par mon informateur: *«les moines reviendront ici».*

Il est vrai qu'au même moment, André Join-Lambert, Conseiller Général de Brionne, *« avait fait des démarches auprès de plusieurs congrégations bénédictines importantes pour savoir si elles accepteraient de redonner vie au Bec. Ces démarches avaient échoué [...], en raison de l'ampleur des charges matérielles qui paraissaient devoir incomber à ceux qui s'installeraient dans les bâtiments retirés à l'armée.» (39)*

(36) L'adjudant Gustave Legendre (1900-1938) avait servi au Bec de 1923 à 1938 et avait été l'adjoint direct du capitaine-vétérinaire Dupas, dernier directeur de "l'Etablissement Hippique de Transition "de 1933 à 1940.

Sa notice nécrologique, parue dans la presse locale à la suite de son décès brutal, le 20 mars 1938, des suites d'un coup de pied de cheval, incident qui n'était, hélas, pas rare, atteste du bon souvenir qu'il laissait dans la commune:

«... il ne comptait chez nous que des amis. Père de famille méritant, à tous égards, excellent sous-officier, il était estimé de ses chefs, et non seulement de nos concitoyens mais encore de beaucoup d'habitants des autres communes du canton de Brionne. D'une grande droiture, doué à la fois de bonté et de finesse, il inspirait la sympathie dès le premier abord. Il était devenu une des personnalités les plus familières du pays auquel il s'était complètement identifié.» (1-e)

L'éloge funèbre prononcé à ses obsèques par le capitaine Dupas traduit bien ce que fut l'émotion générale:

« Legendre, mon cher ami, ... quatre ans de collaboration étroite, fortifiée par une confiance réciproque totale, avaient suffi pour qu'un sentiment fait d'affection et d'estime m'ait lié à vous plus que le ferait le simple intérêt bienveillant que peut éprouver un chef pour un subordonné sans reproche. Plus encore! Si vous aviez pu voir, lorsque je lui ai annoncé votre mort, la consternation profonde de tout le personnel de l'Etablissement Hippique, la douleur qui se peignait sur le visage de nos gradés, de nos cavaliers indigènes..., vous eussiez éprouvé une fierté bien légitime. Tous vous aimaient et vous obéissaient sans murmure, car ils reconnaissaient sans peine, dans leur simplicité, non seulement votre personnalité de chef, technique et moral, mais encore et surtout votre sentiment profond de la justice et la ferme douceur de votre autorité...

L'adjudant Gustave Legndre à cheval dans le parc de l'abbaye

En pleine communauté d'idées et d'idéal, nous avons travaillé ensemble, sans l'ombre d'un désaccord. Ma confiance en vous était sans bornes et elle était justifiée... vous demeurerez pour ceux qui vous succéderont un modèle et un exemple...

Votre nom ne sera pas oublié, car vous avez marqué les vieilles pierres de notre abbaye d'une empreinte ineffaçable...» (1-e)

Cette dernière phrase autant que l'allocution qu'il prononça le 13 mai 1939 (cf. supra), témoignent, à rebours des idées reçues, de l'attachement que ces militaires avaient conçu pour tout ce que représentait le Bec!

L'adjudant Legendre avait constamment veillé à ce que nulle dégradation des sculptures subsistantes fût jamais opérée, et exigeait avec la même rigueur un scrupuleux respect des pelouses et des plantations de fleurs qui ornementaient tout le domaine.

J'ai évoqué le rôle actif du capitaine Lacassagne au sein de la première «Société des Amis du Bec.» Quant au capitaine Robert Dupas (1904-), de nombreux témoins rapportent qu'il était passionné d'archéologie, de littérature (il s'essaya même, par la suite, à écrire des romans policiers)et de cinéma. C'est de sa propre initiative qu'il avait fait entreprendre les fouilles sur le site de l'église médiévale, omettant d'ailleurs d'en référer tant à ses supérieurs qu'aux fonctionnaires des Beaux-Arts...

Il tint à être personnellement présent, en 1948, à la cérémonie marquant la réinstallation des bénédictins au Bec. Il offrit alors à Dom Grammont son exemplaire personnel de l'Histoire de l'abbaye du chanoine Porée, qui avait parfois nourri son inspiration. Il se trouvait encore parmi les fidèles qui accompagnèrent en 1959 le sarcophage d'Herluin faisant retour au centre de ... l'ancienne grande écurie de la Remonte qu'une décennie de travaux venait de convertir en une majestueuse église abbatiale de pur style Louis XV. On imagine les sentiments et les souvenirs qui purent, en ces jours là, se bousculer dans l'esprit de cet attachant officier...

(37) Ce point, il est vrai, semble avoir fréquemment retenu l'attention:

-«*ornements fouillés disparaissant sous les badigeonnages*» (signataire d'une *carte postale ancienne, 1903).*

- «*le beau cloître voûté [...] a été entièrement conservé sous un épais badigeon dont les militaires augmentent soigneusement les couches à intervalles réguliers*» (rapport adressé au Directeur général des Beaux-Arts, 1928).

- «*Dans les couloirs, les escaliers, les salles, une double bande... imprègne les murs... Les nervures, les oves, les délicates sculptures du 17ème siècle, englués par cette couche blanchâtre, se voilent, s'empâtent, disparaissent presque.*» (Paul-Emile Cadhilac, article paru dans le journal «L'Illustration», 29 avril 1933)

- «*...si je me souviens bien de ce bel escalier, il a été badigeonné en blanc, mais il est bien conservé*» (Edouard Herriot, Président de la Chambre des députés, discours en août 1937).

- «*...a sombré, probablement à tout jamais, le règne, jadis glorieux, de la cavalerie,..., entraînant la défaite des barbouillages traditionnels au coaltar* et à la chaux*» (Marcel Delaunay, article paru dans le journal «Le courrier du plateau du Neubourg et du Pays d'Ouche», 9 octobre 1946).

* mot anglais, littéralement: goudron de houille

- «*...une épaisse couche de chaux, renouvelée pour le moins chaque année, recouvrit les dites voûtes et les murs, dont les soubassements reçurent la couche réglementaire de coaltar!*» (Perrot-Belvaux, article paru dans le journal «Normandie», 14 mai 1947).

- «*Tout au plus, sous prétexte de nettoyage va-t-on utiliser abondamment la chaux: les sculptures des couloirs, les escaliers furent englués d'épaisses couches blanchâtres*» (Jacques Gendry, op.cit., 1986).

Plus récemment, il me souvient qu'en faisant visiter l'abbaye, au début des années 70, Dom Joseph Augem se divertissait à rappeler, en abordant cette question, qu'«*on rajoutait une nouvelle couche chaque fois qu'un général annonçait sa visite!*»

(38) On peut, en effet, trouver une tonalité militaire au prologue de la Règle de Saint Benoît!: « *A toi qui[...] prends les armes [...] de l'obéissance pour combattre au service du Seigneur Christ ...*»

Qui ne songerait, ici, au Chevalier-Abbé Herluin! L'abbé de Westminster Gilbert Crépin, son disciple et biographe, l'évoque ainsi: «*L'adolescent se montrait fort habile dans le métier des armes et s'y livrait non sans ardeur. Toutes les plus nobles familles de Normandie le comptaient parmi leurs habitués et vantaient sa valeur en tout ce qui regardait les armes et l'art militaire ainsi que les exercices physiques*» (La vie de Saint Herluin, fondateur et premier abbé du Bec, traduite du latin par la R.M. Marie-Pascal Dickson, oblate-moniale du Bec, Les Ateliers du Bec, 1961).

(39) Marcel Baudot, "*Pierre Mendès-France ... son action pour le Bec*", Bulletin de l'Association «Les Amis du Bec-Hellouin», n° 63 de déc. 1982, p. 8-9.

(40) Sans pouvoir vérifier cette information, j'ai récemment entendu dire que nombre de ces «Allemands» auraient été, en réalité, des Russes de l'"Armée Vlassov"...

Rappelons brièvement que ces derniers, après l'invasion de l'URSS par les nazis, s'étaient ralliés à ceux-ci dans l'espoir de pouvoir, ce faisant, contribuer à abattre la dictature bolchevique et stalinienne.

(41) Cette tutelle dura jusqu'en 1958. La Vème République, en créant un ministère de la Culture, opéra un nouveau et, à ce jour, ultime transfert de juridiction.

(42) Yves Lescroart, *"Restauration de l'abbaye Notre-Dame du Bec (1948-1992)"*, Bulletin de l'Association «Les Amis du Bec-Hellouin», n ° 100 de décembre 1992, page 25.

(43) Toutes les citations concernant ces péripéties (que je me suis efforcé de résumer!) sont extraites de correspondances se trouvant dans diverses chemises du carton 776 à la Médiathèque du Patrimoine des Archives Nationales.

(44) Frère Philibert Zobel, *"Monseigneur Alphonse Gaudron (1880-1967)"*, Bulletin de l'Association "Les Amis du Bec-Hellouin" n° 22 de septembre 1967, p. 15.

(45) Mgr Xavier Le Feunteun, *"La résurrection de l'abbaye du Bec"*, in "La Vie diocésaine" d'Evreux, 9 octobre 1948.

TABLE DES MATIÈRES

Composition et mise en page : Abbaye Notre-Dame du Bec
Photocomposition : SCW Laser
Achevé d'imprimer sur les Presses de l'Imprimerie Hérissey à Evreux en septembre 1998